日本时代进行曲

文明开化来了

林文二 著

凤气至纯平、许倍榕 译

明治时代的生活画卷

中国工人出版社

图书在版编目（CIP）数据

文明开化来了：明治时代的生活画卷 /（日）林丈二著；（日）凤气至纯平、许倍榕译. —北京：中国工人出版社，2019.12

ISBN 978-7-5008-7326-6

Ⅰ. ①文…　Ⅱ. ①林…　②凤…　③许…　Ⅲ. ①文化史–研究–日本–明治时代　Ⅳ. ①K313.410.7

中国版本图书馆CIP数据核字（2020）第006533号

著作权合同登记号：图字 01-2020-0068

文明开化来了：明治时代的生活画卷

出 版 人	王娇萍
责任编辑	董　虹　金　伟
责任印制	栾征宇
出版发行	中国工人出版社
地　　址	北京市东城区鼓楼外大街45号　邮编：100120
网　　址	http://www.wp-china.com
电　　话	（010）62005043（总编室）　（010）62005039（印制管理中心） （010）62004005（万川文化项目组）
发行热线	（010）62005049　（010）62005041　（010）62046646
经　　销	各地书店
印　　制	北京盛通印刷股份有限公司
开　　本	880毫米×1230毫米　1/32
印　　张	8.375
字　　数	190千字
版　　次	2020年4月第1版　　2021年7月第2次印刷
定　　价	52.00 元

前言　开化的外行人

开化的外行人来了！“像我早餐喝咖啡和牛奶、吃两颗鸡蛋；午餐是ソップ（soppu）；晚餐吃牛排和喝点洋酒。”结果吃坏了肚子。明治九年的《东京绘入新闻》[①] 刊登了这样的文章。“ソップ”（soppu）就是“スープ”（soup，汤），“チョビ助”（chyo-bisuke）[②] 指的是不懂装懂的外行人，也就是我的同类。到底会出现多少这种我不懂却装懂的话题呢？请先往下看看。

本书介绍明治时代的报纸插画。运用“插画”这样的时代投影器管窥大约一百年至一百四十年前日本人的生活。从中可以看到现今已相当罕见，可谓日本人根柢的民众样貌与生活。此外，也希望巨细靡遗地探讨明治维新之后日本人对于进入生活的“西洋”，自然地或不自然地吸收的样子。

社会版新闻发展为新闻小说

先看过来这里吧！明治时代曾经有“附插画的报纸”。从报纸名称便可以知道的，有《东京绘入新闻》《绘入朝野新闻》等，因为是“绘入”（插图），所以是以“画”为卖点。

---

① 绘入即附图、插画之意。

② “チョビ助”一词出现于书名。本书书名原文为“文明開化がやって来たチョビ助とめぐる明治新聞挿絵”。

图一　《平假名绘入新闻》第一号的插画。戏剧风的构图。

明治八年四月十七日发行第一号的《平假名绘入新闻》(《东京绘入新闻》的前身)，刊登了一张插画（图一)。这是以“插图”为卖点的报纸上首度出现的插画。换言之，该报是以这张画赌上自身的前途。确实像画面上的情景，若以照片报道的话，就算是现在也会有人冲去买吧！总之，那是一个没有其他媒体报道这些事件的时代。

明治九年，日本当局发布禁止带刀的废刀令。当时有这种挥舞日本刀的男人（吉冈某，二十一岁）是可以理解的，画中警官穿着洋服和鞋子，而年轻男子已经是散切头①。也就是说，当时日本已经有这种程度的“西洋”进来了，而且看到警官只拿着木棒对抗日本刀，让人不禁怀疑，“喂喂，没问题吗?”光是这样，这张插画便已潜藏着各种耐人寻味的话题了。

话说回来，这个姿势很像在演戏。总之就是要摆出帅气的姿

---

①　散切头即断发后的发型。

势，这是当时插画的特征。因为只用一张图片来说明当时的事件，因此大都不会画背景。但不知从何时开始，也会描绘相当于戏剧舞台装置的背景，看起来信息量更加丰富了。如此一来，除了文章内容之外，也会看到当时的日常风景，像是那时习以为常的物品，或使用的日用品等，这些东西宛如时光机般投影出那个时代。

社会版新闻是讲谈①

《绘入朝野新闻》在明治十六年一月二十二日发刊，比《东京绘入新闻》晚了八年。我们来看看创刊号中《女士出席演说会》这篇文章的插画吧（图二）。

图二　比起早期，连背景都描绘得巨细靡遗。

内容是越后国（现日本新潟县）蒲原郡柏崎的西福寺举行政谈演说会时，一位名叫西卷开耶的美丽女子，因为朗读祝贺文章而立即被逮捕。她到底有多美呢？（以下请以讲谈师的口吻朗读）

① 讲谈即日本传统的说书。

“因为名叫开耶，她的前额让人联想起朝霞里浮现的富士山峰，芙蓉般的眼尾，丹花般的双唇，肌肤恰似越路①之雪。当时她十七岁，会场又刚好是佛寺，仿佛仙女下凡，朗读祝贺文的声音清越玲珑，宛若迦陵频伽鸟的鸣叫声……”差不多如此。

借由这种讲谈风格的文章，和画家犹如亲眼见过般的插画，将妙龄女子在众人面前演说的不像话情况如实报告。对于当时的庶民，这是一个让人不禁发出“喔!”的惊呼且兴奋不已的事件。

当时的插画报道很有趣，这也难怪，执笔者大都是旧幕府时代的戏作者，也就是现在的小说家。若事件内容稍微复杂一点，戏作者的想象力与表现力便会交织在一起，根本无法一次写完。于是出现了连载作品，将一个单纯的事件报道写成长篇，进而演变为“新闻小说”。

本书的主角便是新闻小说的插画。一张插画到底有多少信息呢？就由我这个装懂的外行人来介绍吧！敬请期待。

---

① 越路，位于日本新潟县中部的地名。

译 序

本书是《文明開化がやって来たチョビ助とめぐる明治新聞挿絵》（东京：柏书房，2016 年）的中译版。作者林丈二的处女作也是成名作《水沟盖（日本篇）》（1984），后来又出版了《水沟盖（欧洲篇）》（1986），顾名思义，两本书分别汇整作者过去拍摄日本、欧洲各地的人孔盖照片。从该书的内容可知，他喜爱街头漫步，并且注意一般人较不会发现、不起眼的事物。1986 年，他与赤濑川原平、藤森照信、南伸坊、松田哲夫等人共同成立“路上观察学会”，观察、鉴赏隐藏在街头的建筑物、广告牌、海报等通常不被认为是景观的物品，并曾经与他人共同编著不少相关书籍。

除了“路上观察”之外，林丈二也相当热衷于阅读并整理明治时代报纸的报道、文章。他将资料输入计算机，建立起自己的数据库。2000 年时已累积五万笔新闻报道的数据库，不难想象，时至今日数据一定更为可观。本书的书写即以这个庞大的数据库为基础，同时如本书介绍所提到的，作者是以“街头视线”来诠释这些资料。具体而言，本书透过当时报纸连载小说的插画来解读和推测明治初期到中期都市日本人的生活样貌和变化。虽然是小说作品的插图，但如林丈二所言，插画不一定完全配合小说情节内容，甚至经常出现插画先完成的情形，因此插画家其实拥有很大的自由发挥空间。相对的，小说文字往往无法充分说明插画里所有的意涵。因此，林丈二不仅依靠其“数据库”与知识，同时也发挥丰富的想象与联想，以“侦探”般的观察力找出一张张图片的蛛丝马迹，仔细探究插画里的各种物品及挖掘潜藏其内的故事，并进一步分析那个时代的特征与社会氛围。

举例来说，在第四章《夏季客人的款待之道》，作者将视线移向可能与小说剧情完全无关、放置于主人与客人中间的各种小物品，如烟草盆、坐垫、热水壶、砂糖壶等。对于砂糖壶，作者注意到它的尺寸大于一般的砂糖壶，于是猜测里头装入了方糖，并借由报纸广告来证明当时已经有方糖。该章最精彩的地方，便是作者透过“推理”，解析小说人物到底是喝红茶还是喝咖啡。他从各种角度推敲，诸如：插画家歌川国松的姐夫是英国人、杯子的形状、当时日本红茶的普及状况等等。读者随着林丈二的推理过程，而认识这些来自西洋的物品是在什么年代、以何种形式传入，并且普及日本的。

除了上游作者巨细靡遗的分析，本书最耐人寻味的是，日本人如何“自然而然或勉强地”（借用作者说法）接受这些西洋物品。对日本历史稍有了解的人都知道，日本经历江户末期的“开国”（1854 年，即开始与欧美各国往来、通商），以及明治维新（1868）的动荡时代，几乎一面倒地迈向近代化（即西洋化）之路。纵然如此，此“近代化之路”并非一朝一夕，也非一拍即合，而是经历了一段磨合、冲突与踌躇的漫长过程。作者林丈二以其独特的视角看待这个混乱的时代：

无论文章或插画，明治时代的报纸以三十年代以前较为有趣。有趣之处不在于历史，而是因为与日本人的生活息息相关。大致上是日俄战争之前的年代。那是江户时代出生的日本人正面对文明开化浪潮，并且想尽办法跟上这波潮流的时代。而那也是人们冒着冷汗，小心翼翼地不要扣错和服底下的衬衫钮扣的时代。对生活几乎完全欧美化的日本人（例如我）来说，不禁会想：“咦？你竟然这么做？”“咦？为什么？”等等，这些江户式日本人的举动及不断摸索的过程，让人感到趣味盎然。（引自《外行人的后记》）

书中有几篇与理发、洗发相关的文章，当时有一句话“拍拍散切头便会听到文明开化的声音”（散切り头を叩いてみれば文明开化の音がする），显然，“断发＝散切头”是民众文明开化的象征。纵然如此，诚如作者所言，当时民众剪掉丁髷后，感到头部有些空荡，因此日本男子之间开始流行戴帽子，但穿着却仍维持原本的和服，呈现出“和洋混搭”不太协调的模样。可见在文明开化（即西洋化）的过程中，不少日本人感到困惑和迟疑，也做了各种“和洋折衷”的尝试。

值得一提的是，作者的视线也投向都市贫穷阶层，书中有几个章节描述了“里长屋”的生活样貌，如《长屋的小保姆》《贫穷与病人》《贫穷中的余裕》等，并强调并非所有人都能立即享受到文明开化的结果，特别是穷人阶层与偏远地区的居民。可以看到，作者尝试从各种视角重新诠释以往以“文明开化”一言带过的、明治前半期的日本老百姓的多元样貌。

——凤气至纯平

目　录

文
明
開
化
貧窮

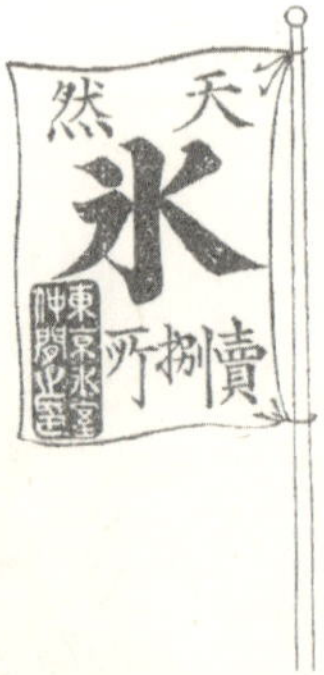
天然
氷

文
明
開
化

文
明
有色眼鏡
開
化

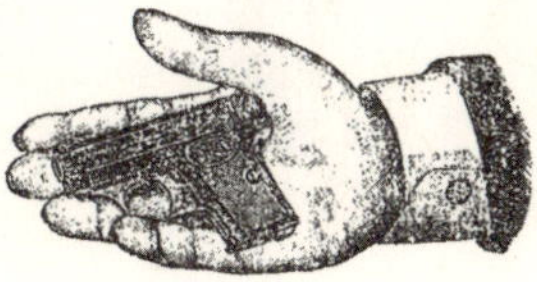

上沓
スリップルス

说到文明开化，就是散切发啦

明治十六年九月二十八日《绘入朝野新闻》

《旭山帜的由来》第六回

场景设定于明治八年十一月大阪淀屋桥的理发店“富士床”①。

明治四年八月九日发布了“许可斩发”的公告，即所谓的“断发令”，“斩发”就是“断发”，也称为“散发”。公告内容是“可自由斩发”，即“散发也无妨”，因此并非马上就要把丁髷②剪掉。事实上，要立刻付诸行动剪掉长年习惯的丁髷，需要一点勇气吧。然而，明治天皇在明治六年三月散发之后，庶民中主动剪去丁髷者也逐渐增多。有一份资料显示，明治五年时散发普及率是百分之十，明治八年是百分之二十，明治十年是百分之四十，明治十三年则升至百分之七十。（藤泽卫彦，《明治风俗史》）

第一间散发所

日本人经营的第一间散发所，是横滨的小仓虎吉在明治二年开设的店。当时尚未发布断发令，因此客人是外国船的船员等，以外国人居多。虎吉原本是梳头师傅，但据说他上外国船为船员剃胡子时，观察船内理发师的技术并加以模仿学习。

---

① 原文为“冨士床”。

② 丁髷，日本明治维新以前男子梳的发髻。

接着我们来看看断发令公布后第四年开设于大阪的“富士床”。明治十六年的插画家如何忠实地描绘明治八年大阪散发店的样貌呢？

谁画了富士床？

我们先从“绘制‘富士床’的插画家是谁？”这个问题开始谈起，因为没有署名，也没有落款，从讲究细部的画风来看，在当时《绘入朝野新闻》专属的插画家当中，很可能是银座出身，具有江户人的气质且性格一丝不苟的尾形月耕；或是江户下谷出身，却经常往返于横滨与东京之间的歌川国松，很可能是他们当中的其中一人吧。不过当时这两人都未曾去过大阪，所以可以合理推测，他们可能参考了在“东京或横滨”营业的散发店。特别是国松，他从十岁左右就住在横滨，搬到银座之后，开了一间舶来品杂货店，因为他喜欢西洋器物到这种程度，所以我猜测是国松。

图一　明治 19 年 10 月 15 日《绘入朝野新闻》

图二　明治 23 年 2 月 6 日《大和新闻》

❶玻璃门

首先值得注意的是“玻璃门”。在明治八年时，这么大方地使用玻璃的店铺应该相当罕见吧，光是这一点就可以造成话题。因为从店外可以窥见店内，是视野透明的文明开化。那扇玻璃门是敞开的，因为采光非常充足，店内十分明亮。日本版画原本就没有阴影表现，多亏这一点，才能描绘得如此巨细靡遗。如同玻璃门的专利一样，出现于报纸插画的散发店一定附有玻璃门（图一、图二）。

其中，图一《绘入朝野新闻》的散发店有“国松”的落款。从玻璃门木框的描绘方式，和“富士床”几乎如出一辙这点来看，可以断定“富士床”应为国松所画。

玻璃板于明治四十三年开始国产化

雕刻家高村光云在《光云怀古谈》中提到安政六年（1859）前后，只有神田于玉池①一间名为“佐羽”的唐物屋使用玻璃门。唐物屋指的是贩卖舶来品的杂货店、洋货店，那么到底玻璃板是不是舶来品呢？

令人意外的是，日本的工业制品玻璃板国产化迟至明治四十三年才开始。最初是兵库县尼崎的“旭硝子”②。这么说来，全部都是舶来品。明治六年二月二十八日《东京日日新闻》的广告也出现了“法国制镜子”“玻璃类”“贩卖各种尺寸的舶来玻璃镜”，实际上当时很多玻璃板、玻璃镜都是从法国、比利时进口的。

然而，据说在江户中期1740年左右，日本人早已借助葡萄牙所带来的制作方法，开始在泉州堺③制作玻璃板了。不知道这是否称得上是手工业，大部分的玻璃板都是为了制作玻璃镜，大的有二十公分，一年生产三千片；小的有五到六公分，一年生产四万片左右。尺寸有其局限，可能是因为要制作出不会碎裂的厚度有相当的难度。

❷大镜子

在“富士床”店内，透过左方的玻璃门，可以看见一片四角形的大镜子。这种大小的镜子想必是舶来品。对客人来说，特别是男性，平时很少用这么大的镜子来端详自己的样貌，所以应该

---

① 丁玉池（丁玉ヶ池），位于东京神田的池塘，现已不存在。
② 旭硝子，日本专门制造特殊玻璃与陶瓷材料的公司，成立于1907年。现已改名为AGC。
③ 泉州堺是日本大阪地名。——译者注

有些客人暗自将此当作乐趣而前来吧。而且镜子映照出的世界很不可思议，光是这一点就相当具有魅力。店家以稍微前倾的方式设置镜子，对客人来说，这种安排能更全面地映照出自己的姿容，而理发师也能看得更清楚。插画家——可能是国松，真的观察得够仔细了。

斋藤月岑在《武江年表》里写道："大略地列举最近（明治六年）社会上风行之物"，在东京流行的事物当中，除了"发揃床"（散发店）、"玻璃漏障子"[①] 之外，也列举了使用玻璃的"镜子"。"富士床"虽位于大阪，但它在明治八年开业。暂且不谈东京与大阪有多大的差异，至少可以知道，从明治六年到八年之间，所谓的文明开化在都会地区已经开始普及。

小泉和子所写的《家具》里提及："十七世纪初开始在长崎制造玻璃镜，到了幕末，大阪成为主要产地，生产量也大幅增加，进入明治时代之后，则完完全全成了玻璃镜的时代。"换言之，说起玻璃镜与玻璃板，关西是先驱之地，因此这间"富士床"位于大阪未必是偶然。

❸油漆广告牌

店家广告牌上的英文"BARBERS FUJIDOKO."很可能是以油漆书写，若是如此，当时已经有油漆涂刷的行业了。翻阅幕末到明治时代的摄影集，外国人居留地的店家广告牌皆为横式西洋文字，大部分使用（看似）油漆的涂料书写，而木造西式房屋的外墙当然是以油漆涂刷。也就是说，不只是油漆，连油漆业者也一起进来了。

---

① "玻璃漏障子"，即玻璃门。——译者注

嘉永七年（1854），培理（Matthew Calbraith Perry）将军再度来到神奈川外海，为了涂刷当局与培理交涉时所在的建筑物，江户的涂刷师傅町田辰五郎向美国人学习了油漆的涂刷法，于是日本人的油漆涂刷历史便由此展开。

明治四年四月，在东京日本桥附近，常盘桥御门外有一家梳头店摆出了“散发店”的广告牌。这位店家曾在横滨当学徒，名叫川名浪吉。他开店时，以油漆绘制了广告牌，据说这是东京油漆涂刷的开端。当时取得油漆是相当困难的事，因此他到海军那里请求分给他一些油漆，好不容易才勉强完成了“宽三寸长二尺五寸的广告牌”。除此之外，川名的店还设置了大型全身镜，也有旋转椅，使用西洋剪刀，甚至室内的装饰也请教了外国人的意见，总之是很讲究的西洋风格。

因为当时已经有这么摩登的散发店，“富士床”的插画很可能是从川名的散发店取得许多题材绘制而成。若是如此，这张插画里的广告牌无疑是油漆涂刷的吧。

❹有平棒

竖立在店家门口左边的“条纹螺旋花样棒子”，当时也称为“糖果棒”或“有平棒”（Aruhei 棒）。“Aruhei”即“有平糖”，是室町时代进入日本的南蛮点心①。因为长得很像有平糖的糖果棒而称为“有平棒”，而且大都是红白蓝三色或两色条纹做成螺旋花样。

这个“有平棒”也在明治四年竖立于川名浪吉的店门前。很可能是以油漆涂制而成，若油漆量用于广告牌上已经很勉强的话，

---

① 日文的“有平”读音为 Aruhei。室町时代，1336—1573 年。南蛮，日本早期对“西方”的统称。

那么其余的地方就只能用布包卷了。此外，明治五年三月《名古屋新闻》的报道写道："东京府下有将近三千家的结发店，近来店家在纸门上标示'英法发 Hasami（ハサミ）所'①，并于店门口竖立广告牌，是一支红蓝相间的螺旋棒，高约九尺，尖端附有金球"。"富士床"的棒子顶端也附有宝珠，应该也是金色的吧。

"结发店"指的是"梳头店"，后来梳头师傅学会散发的技术，店铺名称也因此变成了"散发店"或"理发店"。

❺散发用的道具类

在此，请各位看看明治十八年《东京商工博览绘》收录的东京深川《理发道具制造批发所长信博》的广告图（图三）。首先逐一观察这些道具，然后再回顾本书第二页国松的插画，便可知道其观察力之精准已深入每个细节。

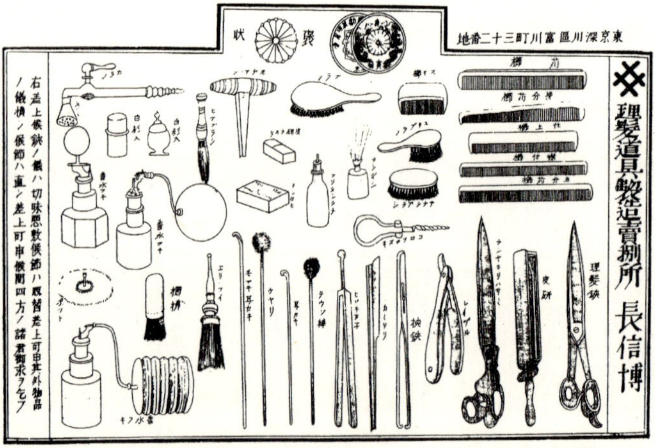

图三　理发工具的广告

① ハサミ即剪刀或夹子。

【散发用的西洋剪刀】

椅子很沉稳地置于店中央，想必是国松喜爱之物，但在此暂且不提。透过左方的玻璃门，可以看到大镜子前的柜子上放置了一把“剪刀”，它的形状是“西洋剪刀”。前面提到的“英法发Hasami所”，“Hasami”果然就是散发业的主角“剪刀”。明治十年，一位名叫友野釜五郎的铸刀师傅，制作出第一把国产剪刀。一些资料显示，以前都用“花剪刀”修剪头发，但那是二流以下散发店的做法，由此可以推测“富士床”的剪刀应该是进口的理发剪刀吧。

【香水】

在明治八年的《读卖新闻》刊登了山下町（现为银座的一部分）店铺“四目屋”的西洋散发用品广告。

> Kautoruoiru（カウトルオイル）、Ohtekororin（オーテコロリン）、南京香水、英国油，及其他各种散发道具。
>
> 有效平整乱发、增添光泽、去除污垢、顺整翘发、去除头皮屑、消除异味，自备容器，三钱起。

虽然不知“Kautoruoiru”为何物，但“Ohtekororin”一定是“古龙水”。翌年开始贩售“伦敦、巴黎的上等香水，中国制掏耳棒、日本制香水”。在国松的插画里，可以看到“掏耳棒”插在筒子里，也可以看到香水喷罐。难道当时的男人没有排斥喷香水吗？

大约在明治一十年代末期左右，《银座百话》里写道：银座四丁目的“松浦”散发店的老板说，自己在横滨外国人的理发店学艺，因此和其他理发店不同，不会随便喷洒廉价香水。从开始剪发到最后的收尾，都使用一把梳子，并洒上少量的香水，他以这样的剪发方式为傲，笔者未听说当时有客人抱怨。

【毛巾】

散发店的主人是散切头，服装是“襷挂”的和服加上围裙。无论男女，和服的袖子都是下垂的，因此工作时会襷挂，用带子把和服的袖子挽系起来。挂在肩膀上的白布只是一条木棉布，用途不明。日本男性原本就有“盾上挂手巾”的习惯，因此这位主人也很随兴地把白布挂在肩上。

图片右方的墙边放置了疑似化妆水瓶罐的柜子，下方悬挂的东西好像是毛巾。毛巾在幕末引进日本，而且在明治五年也进口了大量的毛巾。据说明治十二三年开始国产化，因此很早就普及了。对客人来说，毛巾的触感也是能够感受“文明开化”的要素之一吧。毛巾最初称为“西洋手巾”，大约于明治四十年代前后开始使用“Taweru”（タウェル）或“Taoru”（タオル）的名称。

【西洋画的裱框】

右方墙面上挂着描绘帆船的大型西洋画裱框。看来当时的散发店很憧憬远方的西洋，店内充满这种文明开化的氛围。

明治三十年代出现了“最近的顶级理发店”的介绍。首先，店面完全是西式油漆粉刷，入口处是玻璃门。开门后换上室内鞋（即拖鞋，下等的店则是上草履①），里头铺设美丽的木地板，餐桌上摆放花瓶，墙面挂着裱框西洋画……据说是如此。

---

① “草履”为日式人字草屐拖鞋，“上草履”则是室内穿的草屐拖鞋。

关于早期的油画，明治四年九月的《影响新闻》有以下报道："Furoisu（フロイス）人 Ko（コー）① 有五六张九尺四方形的油画正在展出。"也就是说，当时的"油画是展示品"（Furoisu 可能是指普鲁士。英文名称是 Prussia，相当于现今德国北部地区）。

实际上，从幕末到明治时代有不少日本人画油画，大约在明治六年左右，高桥由一、龟井至一等人已经出名，而且也买得到外国人携进的画作。尽管如此，一般来说油画还是相当稀奇的东西。综合这些现象与以上列举的各个项目来看，当时散发店似乎具有小型博览会场的功能。

❻撑着蝙蝠伞的羽织妇人

接下来我们把目光从散发店转移到店门口撑着蝙蝠伞的妇人吧。

蝙蝠伞是"文明开化"地位的象征之一。庆应三年（1867）五月的江户已经使用"蝙蝠伞"这个名称了。从这个时期开始，不只在雨天，即使晴天也会撑着全黑的蝙蝠伞行走，这种习惯已风行了很长一段时间。

在江户时代，套着羽织②的妇人相当罕见。起初由武士首开风气穿着羽织，而且仅限于男性。然而偶尔也会出现穿着羽织的女性，理由只是因为天气寒冷，但总会给人"明明是女性，真不像话"的观感，因此不只是女性与儿童的羽织，就连半缠③也都下令禁止穿着。

---

① 人名，全名不详。
② "羽织"是和服的外衣。——译者注
③ "半缠"是和式短上衣。——译者注

然而到了明治四年八月，当局发布平民穿着羽织和袴[①]的许可令，女性终于也可以光明正大地套上羽织。虽然如此，但并不是所有的人都拥有羽织。因此大都是尚未没落的前武士之妻，或是大商家的妻、权妻等，才会较常穿着羽织外出。

权妻指的是妾，这是明治时代的称呼，直到明治二十年代仍经常使用。插画里的羽织妇人，在小说里原本是一名艺妓，后来被老主顾看上，而成为他的权妻。顺带一提，那位随行的人是到府服务的女梳头师傅。

明治八年的《东京绘入新闻》里有一篇报道，内容是关于请人出面斡旋权妻的事。根据这篇报道，必须准备安家费五十圆、月薪十圆，不仅如此，还需要相当可观的斡旋费用。当时的《东京绘入新闻》共一页双面，一份是一钱，一百钱等于一圆，按此计算，权妻的月薪相当于一千份报纸。

① 日本和服的下裳。

明治四年的散发店

此图为明治三十三年开始刊登于《都新闻》的《实谭江户樱》中的一个画面。明治二年，主角先太郎在两国①的理发店街里当学徒，并住在雇主家，但这一带到了明治四年被整顿，于是他转移阵地，到日本桥浪花町重新开业的伊势床师傅门下学习斩发。也就是说，这个故事的时间比“富士床”还要早。

从故事的内容来看，舞台是明治四年以降的散发店，故事则比实际小说创作的时间还要早三十年，绘制这张插画的画工松本洗耳在当时年仅两岁，不可能看过实际的光景，但这是明治三十三年的画工用尽想象力所描绘的插画，所以在此向各位介绍。

明治 33 年 5 月 10 日《都新闻》

① 两国是东京地名。——译者注

❶ 叠纸
❷ 玻璃镜柜

女梳头师完全没变

明治二十三年一月十二日《大和新闻》

《姨舍山》第三十回

妇女的散发

明治四年八月“可自由斩发”的公告发布时，不只是男性剪去丁髷而已，同年十一月《新闻辑录》第四号写道：“近来府下有许多女子断发，省去栉笄①虚饰与油元结②等冗赘，可说是化繁为简。若剪去长袂缩小衣袖，穿上袴，剪短裙摆，废除宽腰带而改为细带，可大幅省去无益之耗费。”换言之，在公布断发令的三个月后，便出现将头发剪短、穿着和男性同样服装的女性了。

明治五年二月的《日要新闻》第八号里写道：“最近‘妇女擅自散发’，外国妇女装饰衣裳、头发是很普遍的事，那些外国人都在取笑我国妇女披头散发。不过会披头散发的女性大都是煎茶店（挂茶屋）之类的女服务生，她们不只喜欢新奇，也为了吸引男性目光，或者是自以为了不起的野丫头，实在太可笑了。”

确实有不少活泼的女孩剪去茂密的头发，但也有一些很不合理的行为。例如，明治五年三月的《新闻杂志》第三十五号中有如下的报道：“浅草藏前的伊势屋某人，因为向往洋风，于是命令其妾与一子断发，也试图命令其妻断发，妻大叹且不肯（即不从），但最后仍强行断其黑发。”

在发生这起“夫人被强行剪发事件”一个月后的四月，当局发布新的公告：“可自由斩发的公告仅限男性，妇女的服饰发型都维持现状，请勿误解公告主旨。”

前言的铺陈太长，总之，妇女的发型继续维持现状，因此妇女发型仍一如往常地交给“女梳头师”整理。

---

① 栉（即梳子）与笄，早期的梳发用具。

② 元结，早期梳发用的油与带子。

到府服务的女梳头师

在此请各位欣赏的插画（页 14—15），场景是大阪旅店（旅馆）高砂屋的客房。从房间设备来看，可以知道是正规经营的旅馆。以新闻报道推断，就当时一般而言，低一等的称为“旅人宿”，更低一等的则叫作“木赁宿”。

房间中央稍微弯腰的女性即是女梳头师。在小说中，这对男女才是主角，因此对女梳头师没有任何说明，不过她可能是“巡回梳头师”，也就是造访顾客提供服务的梳头师。可以推测，她深受这间旅馆顾客的青睐而成为专属师傅。与前一节的男理发师一样，她也是以择挂的方式挽系衣袖并穿上围裙。虽然女梳头师有时会在家中服务，但不会特别出示营业招牌，主要都是外出服务居多。

另一方面，因为明治维新以降剪去丁髷的人增加，因此在报纸插画里，男梳头师主要都出现在江户时代的故事之中。那些造访老主顾的“巡回梳头师”通常都会携带一种名为“鬓盥”的容器，以里头的水稍微沾湿客人的头发，抽屉里则放有剪刀、梳子、剃刀（图一）。

图一 明治 43 年 4 月 2 日《都新闻》

❶叠纸

正在接受梳头服务的人，右边袖子前隐约可见的黑色物品应该是“叠纸”吧。根据《大辞林》的记载，“叠纸”是“厚和纸上涂刷涩、漆等并有摺线之物。用来放入梳头师的道具、衣物等。”所谓梳头指的是“绑丁髷”，如图所示，梳头师工作时大概都会将其放在一旁（图二）。

图二　明治 28 年 12 月 24 日《都新闻》

❷玻璃镜柜

画中是一个四方镜的镜柜。放置镜子的台座与装入化妆道具的工具箱原本是分开的，但据说到了室町时代便合为一体了。从镜子的大小与厚度来看，应该是进口的玻璃镜。报纸插画出现以前那种有手把的圆镜，大约只到明治一十年代左右（图三）。

以实用性来说，若是价钱合理，玻璃镜就方便多了。长谷川

图三 明治 14 年 11 月 9 日《有喜世新闻》

时雨在《旧闻日本桥》中叙述其幼年时代（大约是明治二十年代初期），“祖母的化妆房在仓库的二楼”“放置古风的金属圆镜镜柜”，可见即将进入明治二十年代的时候，“圆镜”已成为“古风”之物了，只有年长的人才会使用。这种旧式圆镜有些是两片一组，当作前后对照镜，图四中的使用者也是年长者。

图四 明治 13 年 11 月 6 日《东京绘入新闻》

图五　镜子从镜台拿下来。
明治 8 年 9 月 28 日《东京平假名绘入新闻》

最后再加送一张图片，以下介绍明治八年九月的《东京平假名绘入新闻》（图五）。京都有一位大白天就喝得烂醉的丈夫，正在调戏刚洗完澡的妻子，妻子一边说“竟然大白天就……”一边将他推开，但丈夫还是继续死缠烂打，于是妻子拿起镜子敲他，因为镜子是由金属制成的，结果丈夫就很不幸地升天了。

❸广盖

在图片右方的男性背后有个“地袋”（接在地板上用来收纳的小柜子），置于上方的薄扁箱子叫作“广盖”或“乱箱”。根据《大辞林》的说明，它是“用来暂时放置折叠好的衣服与随身携带物品的浅箱”。从这张图片可以窥见口金包的一部分，西洋物品终于出现了，当时这种旅行包正流行。

❹日月七曜速知器

再介绍一件特殊的西洋物品。柱子上挂着某个东西，若说是温度计，刻度处的形状并不像。因此我猜它应该是一种新的文明利器吧，于是翻阅当时的广告，结果看到明治二十六年十一月《都新闻》上的《专卖特许日月七曜速知器》，似乎就是它了（图六）。它是一个名符其实的机器，可以显示“日月”与“曜日”①。它由钟表商贩售，似乎可以说是一种靠发条与齿轮启动的机械式月历。

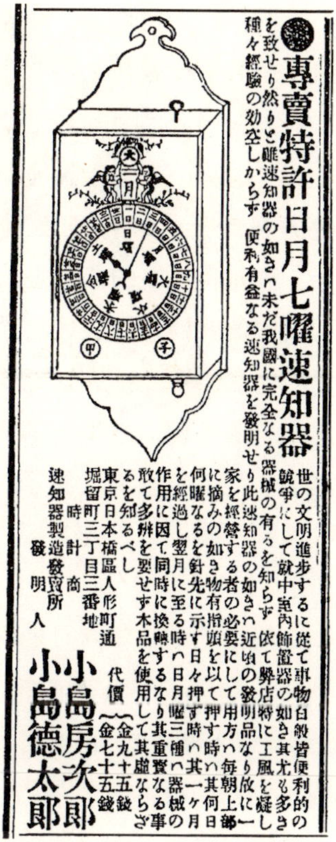

图六　明治26年11月8日《都新闻》

❺鼎式的火盆

烹饪用的三脚两耳金属器具叫作“鼎”，这是一种鼎状的火盆。因为很稀奇，所以应该很昂贵。从镜柜和日月七曜速知器来看，可以推测这间旅馆专为常客服务，也就是所谓的“拒绝新客”②。

---

① 曜日，即星期。——译者注

② 原文为“一见さんお断り”。

❻咖啡与牛奶

再介绍一项物品。穿着羽织的年轻男子在做什么呢？小说里有一段叙述："咖啡加牛奶的滋养液"。这个盛装容器确实比一般的杯子还大。仔细看他的右手，酒壶状容器的瓶颈上有一圈如同铁丝般的东西，还有个像盖子的物品掉在一旁，这是当时盛装牛奶的铁罐。送牛奶的人每天早上会把牛奶装入大罐子，然后分装到小罐子后再挨家挨户配送（图七）。

图七　明治 24 年 10 月 22 日《大和新闻》

明治二十二年六月的《江户新闻》刊登了牛奶玻璃瓶的广告（请见以下专栏），由此可知在之前已经开始贩售瓶装牛奶，从法令来看，明治三十三年的内务省发布（牛奶营业取缔规则），明文规定牛奶必须以瓶装贩售。

本单元开头插图的牛奶，应该是这位男子向旅馆点的餐吧。他制造滋养液的动作看起来相当地熟练，左手拿着一支像汤匙的东西，如果是温牛奶，就变成咖啡欧蕾了。一旁的女梳头师明明正在梳头，却投以好奇的眼神。

接着要说的事情较为繁琐。在男子身旁有个日本茶的容器，却没有研磨咖啡的器具。换言之，我们可以想象咖啡先在旅馆厨房里泡好后才送来的。再深入探讨，其实这个时期已经开始贩卖“日本代用咖啡”（图八）。虽然不知和现在的速溶咖啡有何不同，但因为是用来滋养身体，所以这位年轻男子饮用也不是奇怪的事。然而他的周围没有那样的容器，也许是放在“鼎”的后方。

不过，值得注意的是置于鼎上的热水壶。我们可合理推测，男子用它来烧水冲泡代用咖啡，并以汤匙搅拌。

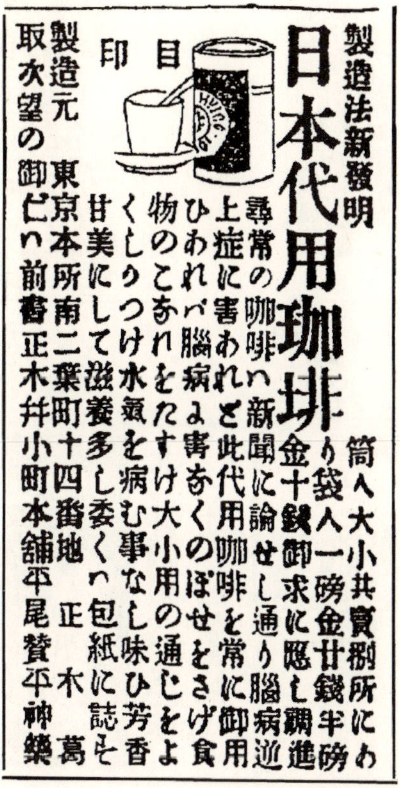

图八　明治19年10月10日《绘入自由新闻》

各种牛奶广告

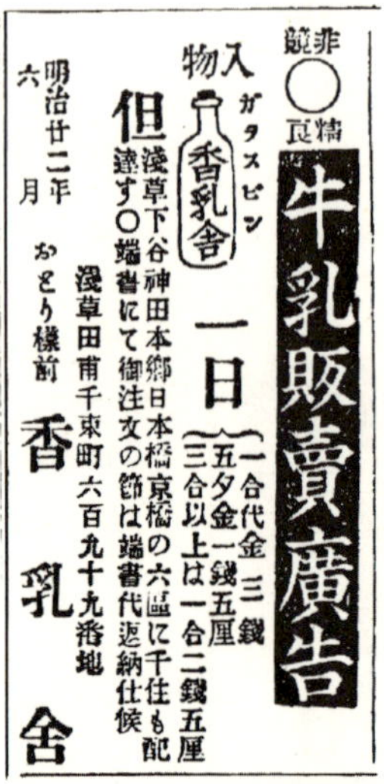

明治 22 年 6 月 23 日《江户新闻》

明治 18 年 3 月 1 日《绘入朝野新闻》

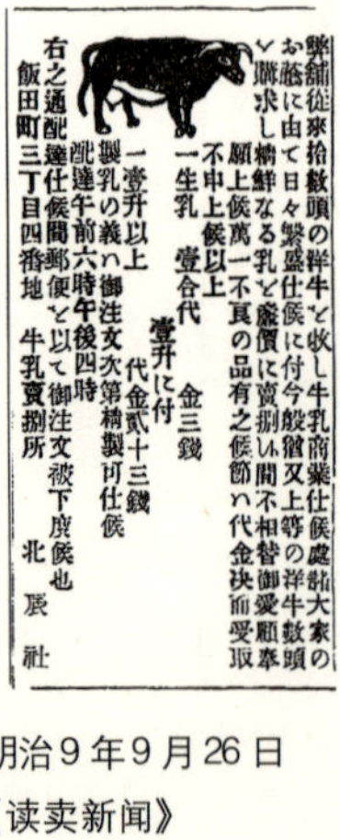

明治 9 年 9 月 26 日《读卖新闻》

明治 37 年 2 月 5 日《都新闻》

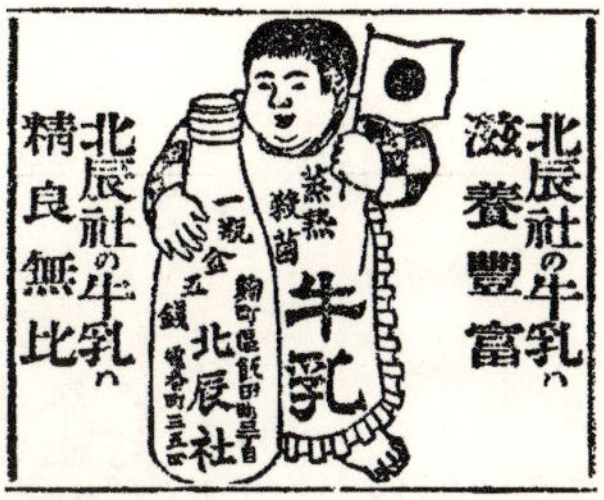

明治 37 年 10 月 23 日《万朝报》

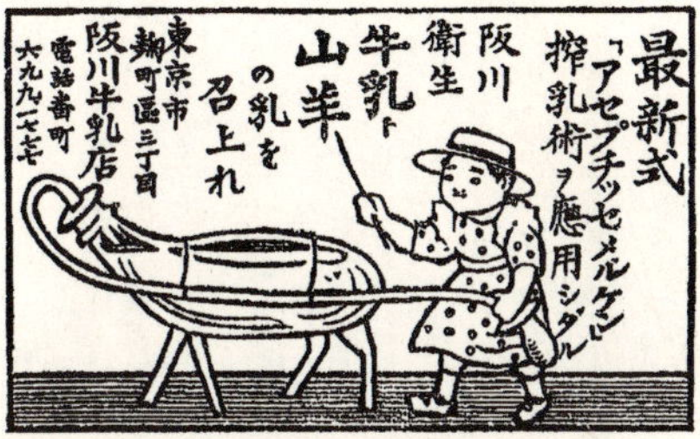

明治 44 年 4 月 21 日《都新闻》

明治 38 年 10 月 29 日《都新闻》

❸ 修剪脚趾甲
❷ 洗发粉

在檐廊上洗发

明治二十三年三月七日《大和新闻》

《水岛》第二十九回

❶ 脸盆与金盆

文章出现“让她带回旅宿沐浴”这样的文字。因为是豪华庭院的旅宿（旅馆），所以应该附有室内浴室，然而女子却在檐廊洗发。根据《大辞林》的记载，“沐浴”是指“洗涤头发与身体”。如图中只是洗头发就会写洗头，但却特意写沐浴，所以至少选用温水擦拭上半身吧。

女子脱下衣服裸露上半身，夹在腋下的布状物应该是糠袋，是当时女性去澡堂时的必备品。

在肥皂普及以前，江户时代的人普遍使用糠袋，诚如其名，就是将米糠装入木棉袋里。到了明治初期肥皂开始普及，但似乎有很长一段时间，人们还是认为糠袋比肥皂更能清洁肌肤。据说使用糠袋时并非用力刷洗，而是轻轻地抹拭，如此一来会渗出更多糠汁，可以让肌肤光滑细致且晶莹剔透。

坐在右边的母亲，手上拿的热水壶（下方已变得焦黑）应该装了温水，用来协助冲洗。

❶脸盆与金盆

在脸盆里放入金盆，温水会流入其中。脸盆用来接水，当水花向外飞溅时，不会因此弄湿木地板。

❷洗发粉

脸盆附近的纸袋状物品应该是洗发粉的袋子吧。类似的东西曾出现在明治二十年代的广告里（图一）。

洗发粉的主要成分是白小豆。另外，在其他广告（图二）里可以看到如上图“用脸盆洗发”的模样，由此可知使用脸盆洗发

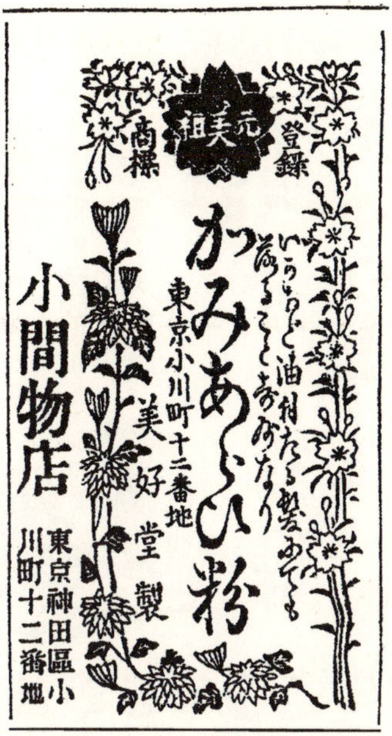

图一　明治 23 年 2 月 24 日《大和新闻》

是很常见的。樋口一叶①在明治二十七年二月二十二日的日记里，只有一句“洗发”。可以想见一叶也是在自宅（当时居住于下谷龙泉寺町）某处，以脸盆或金盆洗头发，而特地记录下来，显示她平时并不常洗发。实际上，每次洗发，都必须请梳头师来整理，若生活贫困，就无法时常洗发了。

许多资料中显示，当时女性在汤屋（钱汤)② 里不会洗发。可能是因为长发会阻塞排水沟而不好清理吧。

但也有这种说法：“江户町家③的女性洗澡时都会洗发，洗发

① 樋口一叶（1872—1896），本名樋口夏子，日本明治初期的女作家，以短篇小说闻名，作品多描述底层阶级的生活实态。

② 钱汤，即公共澡堂。

③ 町家，居住于城市的老百姓（商人居多）住宅，并设商店与住家。

图二 明治 20 年 1 月 16 日《东京绘入新闻》

后散开头发的潇洒姿态，是浮世绘的绝佳画材。”（落合茂《洗涤的风俗史》）若是如此，清扫应该很辛苦吧。

聚集在阳光下的檐廊

翻阅夏目漱石从明治三十八年至隔年所写的《我是猫》，出现苦沙弥①先生的妻子在檐廊上将刚洗好的头发风干的画面。

“妻子屁股朝向丈夫，究竟作何打算？她趁着今日的好天气，用海萝和生蛋清洗一尺余的油亮黑发，像炫耀般地将柔顺秀发由肩上垂散到背后，默默地专注缝着孩子的背心。其实她是为了风

① “苦沙弥”，日文“打喷嚏”（くしやみ）的谐音。

干洗净的头发，才把唐缩缅①的坐垫和针盒拿到檐廊，恭恭敬敬地把屁股对着丈夫。”使用海萝的习惯也是从江户时代开始的。

《我是猫》中常出现檐廊。身为主角的“猫”也是在檐廊午睡时梦见自己变成老虎，苦沙弥在它的后面“专心地模仿安德烈·德尔·萨尔托②”，当妻子想风干湿漉漉的头发时，檐廊也是最佳的场所。檐廊面向通风良好、日照佳的庭院，是让人感到舒适的地方，经常出现于明治时代的报纸插画里（图三、图四）。

图三　明治 18 年 4 月 14 日《自由灯》

① 唐缩缅，即平纹细布。——译者注

② 安德烈·德尔·萨尔托（Andrea del Sarto，1486－1530），文艺复兴时期欧洲佛罗伦萨的艺术家。

图四　明治 22 年 10 月 20 日《江户新闻》

❸修剪脚趾甲

女子的上半身裸露，背后是她的亲弟弟。他正以和铁①剪趾甲（图五）。因为脚趾甲很硬，所以洗澡后比较容易修剪。看来弟弟也许已使用旅宿的浴室了。他会在这种地方修剪，大概是因为明亮的关系吧。至于剪下的趾甲该怎么处理呢？如果丢弃在院子里，应该要在檐廊上修剪才对，所以是好好地收拾并丢入垃圾桶里吧。

图五　明治 42 年 11 月 3 日《理发界》

---

① 和铁，日式剪刀。——译者注

不过话说回来，这又不是自己的家，即使是自己的弟弟，但也是在年轻男子面前，女子竟然裸露上半身洗头。嗯，也许这就是明治时代吧！

关于汤屋

在东京，一般都称为钱汤，但明治时代的报纸文章里，使用“汤屋”的次数压倒性地多。具体来说有多少？在我的数据库里，“汤屋”大约有一千九百次，“钱汤”有五次，“洗汤”则是十六次。

在此排列几张汤屋门口的插画，悬挂门帘是为了避免开门时看到更衣室。

明治 8 年 9 月 22 日《东京平假名绘入新闻》

明治 10 年 12 月 16 日《东京绘入新闻》

明治 17 年 7 月 19 日《自由灯》

明治 32 年 1 月 13 日《中央新闻》

明治 31 年 10 月 2 日《中央新闻》

夏季客人的款待之道

明治二十年七月十九日《绘入朝野新闻》

《千岁之松》第二十六回

富豪之家来了两位客人。季节是夏天，在开放的空间里挂着竹帘，留胡子的主人背后的纸门拆了下来，换上通风的夏季纸门。

❶烟草盆

主人右手拿着烟管，但被妻子手上的扇子挡住而看不清楚。在那支烟管的前方，放着一个附有手把的便携式烟草盆。使用时，在烟管内塞入将烟草叶切碎的“烟丝”。这些烟丝放在烟草盆旁边打开盖子的木盒里。

再稍微说明烟草盆的内容。

一、筒状物（大都是竹制）叫作“灰吹”，用来丢弃烟草的灰、烟蒂。因为抽烟容易导致口腔油腻而想吐口水，因此也称为“唾壶”。

二、右方是“火入”。里头装入炭火并点燃，将烟丝塞入烟管，然后让它接触火入的炭火，吸着吸着便能将烟点燃。

❶烟草盆
❸咖啡？红茶？还是……
❹热水壶
❷莎草坐垫
❻砂糖壶
❺水壶

若在外该如何点火呢？从时代小说的插画可见到以打火镰敲击打火石的点火画面，请参考图一。

图一　明治 37 年 10 月 5 日《都新闻》

❷莎草坐垫

主人和客人使用看似编织的圆形坐垫，应该是“アンペラ（Anpera）坐垫”吧。Anpera 是一种莎草，也可以用来编织成夏天的帽子，而像这样编织成夏用坐垫，在明治时代很常见。

❸咖啡？　红茶？　还是……

通常也会提供烟草盆给客人，但这里却没有，由此可见两人可能不抽烟，于是改以茶水取代。在画面中放置了西式茶杯。

因为可以看见手把，所以推测是西式，而且茶杯里放有汤匙。里头盛装的是咖啡或红茶吧，虽然也可能是可可，但根据资料记载，可可在明治三十年代才普及，这个时候还有点早。在此我想进一步探究杯子里到底是“咖啡”还是“红茶”？

若是国松， 会给客人什么呢?

首先，如插画中落款所示，画工是“国松”，也就是我们推测绘制“富士床”插画的那位画工“国松”。他从小生长于横滨，制作这张插画的半年后，在现今东京的京桥一丁目附近开了一间舶来品商店（图二）。

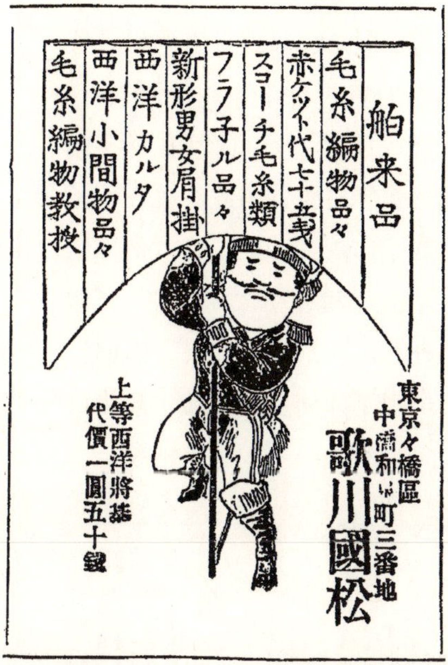

图二　明治 21 年 1 月 3 日《绘入朝野新闻》

国松的姐姐ムラ（Mura），与在横滨居留地从事多元生意的英国贸易商人 Kingdon 结婚。换言之，国松在生活中与英国人有近距离的接触。也许因为这样的经历，他的插画里时常会出现咖啡杯或红茶杯。

所以，国松若有个英国人姐夫的话，那么他对“红茶”应该会很熟悉吧。然而国松画的杯子大都不是宽口的红茶杯，它们看起来“很像咖啡杯”。

其实日本一直到明治中期都还很难取得“美味红茶”的茶叶。即使茶叶可以在日本栽培，也努力地尝试做出美味的红茶，却还是无法制造优质的产品，因此必须依赖进口。不过据说当时英国领土的印度，或是锡兰产的上等红茶，几乎都直送英国，进口到日本的尽是些低等、被称为粉茶的东西（图三）。后来或许是能够生产出稍微优良的红茶，又或是从英国进口较多高价位的美味红茶，因此约莫在明治十九年，报纸上终于出现红茶的广告。例如银座的“风月堂”（正式表记为“凬月堂”），除了蛋糕和咖啡之外，也开始贩售红茶（图四）。这是因为市面上出现了即使多花点钱也想喝的红茶吧。

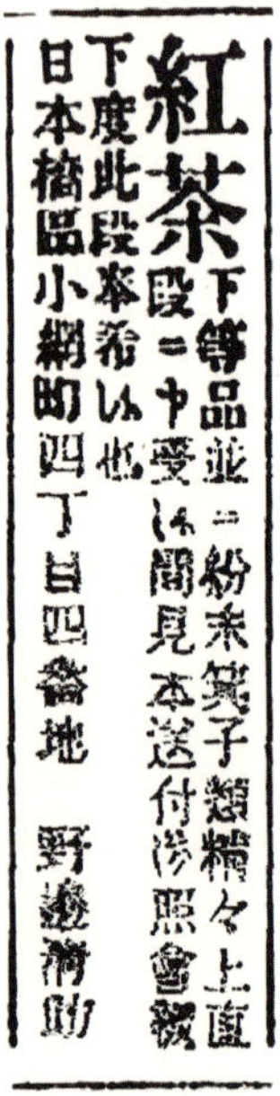

图三　明治 14 年 11 月 27 日《有喜世新闻》

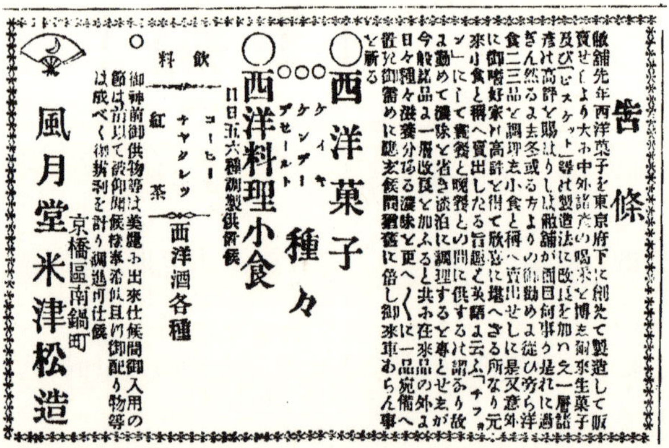

图四　明治 19 年 3 月 29 日《时事新报》

咖啡、红茶、巧克力

仔细观察这则广告的“饮料”项目里，“咖啡”和“红茶”之间有个“チャクレッ”(Chakure)。“チャクレッ”是什么呢？想必是巧克力，那么是否和“可可”一样？换言之，是否为粉状呢？

风月堂在明治十一年首度贩售了日本史上第一种西洋点心“ショコラート”（Shokorato)，也就是巧克力。不过它是固体，可能是咬来食用，但融化后确实也可以成为巧克力饮料。

那么，从什么时候开始喝巧克力呢？我们很快就可以找到答案。同样是《时事新报》，明治十九年四月刊登了一则纪尾井町西洋料理店“纪尾井亭”的广告（图五）。上头的早餐菜单除了“日本茶”“红茶”“咖啡”之外，也出现了“チョコラット”（Chokorato，巧克力）和“ココヲー”（Cocowo，可可)。在此，“巧克力”与“可可”有所区别，但从这则广告可以判断，这些都是提供给客人的饮品。

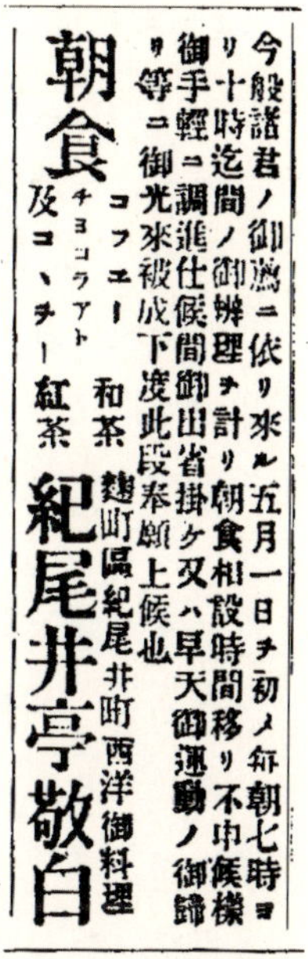
今般諸君ノ御爲ニ依リ來ル五月一日ヲ初メ弁朝七時ヨリ十時迄間ノ御辨理ヲ計リ朝食相設時間移リ不申候様御手軽ニ調進仕候間御出省掛ケ又ハ早天御運動ノ御歸リ等ニ御光來被成下度此段奉願上候也

朝食　コフエー　和茶　チヨコラアト　及コヽヲー　紅茶

麴町區紀尾井町西洋御料理

紀尾井亭敬白

图五　明治19年4月24日《时事新报》

无论如何，绘制这张插画的是对西洋新奇事物很敏锐的国松，不难想象他已经品尝过这些食物。因为小说中没有交代任何和饮料相关的事情，所以很可能是国松自行描绘“巧克力”或“红茶”等新商品给客人品尝。虽然如此，这里还是判断为咖啡比较妥当吧。

喝巧克力变美人

《大和新闻》刊登了《变成美人的秘诀》的连载文章，其中第七回（明治二十四年十月二十二日）的《丰满之法》和巧克力有点关系，在此节录该文的要点。

首先，“成为美人的关键，乃其肩膀与手肘是圆润的，且身体关节的资质良好。”只要肠胃健康“一定能变得像鸟一样丰满”。不知为何把鸟当作身体丰满的例子。接下来才是重点，“这就是秘籍”的内容虽然稍嫌冗长，但还是引用全文以供参考：

首先要吃新鲜的面包，早上八点前，最好喝一杯咖啡或巧克力。在西方，早餐在三餐中的分量最少，顶多一片新鲜的肉和鸡蛋。因此在日本应该也要尽量减少分量。用完早餐后，到院子里稍做运动，或外出散步；回家后，午餐无论是汤或肉，甚至是鱼，都可以尽情吃想吃的东西。接着餐后享用饼干，或鸡蛋与砂糖制作的点心也无妨。看来品项似乎不多，但实际上种类相当丰富，动物类的食物都包含在内。另外，如果接受酒类，也可以饮用啤酒或法国制的葡萄酒。尽量避免食用醋类，应在水果上添加砂糖一起食用，尽量不要泡冷水，多呼吸乡间的新鲜空气，葡萄产季时多吃葡萄，别让身体过于疲劳，这些都是关键。

❹热水壶

回到章节开头插画（页 37）的场景。将咖啡器具直接放在榻榻米上，有点耐人寻味。应该使用类似茶几的东西才对，但看来当时就是如此。

除了杯子，榻榻米上还放置了三种容器。最前面的看起来是

“热水壶”，壶底是平的，因此是直接放在调理炉上煮水的欧美类型，下面垫着类似台座的东西，可能是因为里面已经装了热水或煮好的咖啡。若是如此，那么这就是“咖啡壶”吧。

❺水壶

后方的容器疑似水壶，假如装入牛奶，就可以调制成“咖啡牛奶”。从新闻报道与小说可以知道，当时人们喝咖啡时普遍都会加入牛奶，不只是明治时代，到了大正时代也是如此。

引自37页局部图

❻砂糖壶

那么，在水壶旁边的有盖容器是什么呢？因为附有盖子，所以是砂糖壶吧，也就是用盖子防止砂糖潮湿。不过它比现在的砂糖壶大很多，因此我倾向认为里头装的是较占空间的“方糖”。方糖出现于明治二十二年的报纸广告（图六），可以推测此时已开始普遍使用了。常见的资料都说，首次制作国产方糖是在明治四十年代，但这个广告却写着“制造并广为贩售”。当时市面上已经出现“含咖啡的方糖”当作代用咖啡，所以制作一般方糖应该不至于太困难。

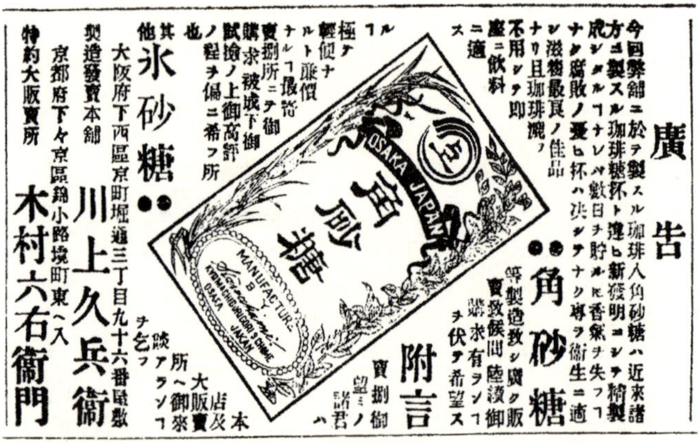

图六　明治 22 年 4 月 28 日《东云新闻》

时间再晚一点，在尾崎红叶连载于《读卖新闻》的《青葡萄》第十七回（明治二十八年十月四日），有个杯里放入威士忌与方糖来饮用的场景，插画中有个玻璃制的砂糖壶，透明而可见里面的方糖（图七）。

砂糖是健康之源

诚如先前介绍的《变成美人的秘诀》，当时不只是女性，无论是谁都被认为“丰腴才是健康”。因此很流行在饮料里加糖，另外也贩售各式各样被当作滋养剂的东西。暂且不论理想的体态

图七　引自《青葡萄》的一个画面。
明治 28 年 10 月 4 日《读卖新闻》

为何，当时确实不断宣传着“健康”这个词汇，甚至还引起一股“健康风潮”。所以从截至目前的讨论来看，那两位客人是否在咖啡里搅入了几颗方糖来取代烟草呢？看着放入汤匙的杯子，我不禁这么想。

待合的置帽处

明治二十年七月二十三日《绘入朝野新闻》

《千岁之松》第三十回

乍看之下，这张图像是富豪家里来了一位访客，但实际上地点是待合。

待合也称为“待合茶屋”，是与人相约见面的地方。不同于车站的待合室①，这个待合位于艺妓等活跃的花街柳巷中，里头设置和室，可以相约见面、男女密会、召唤艺妓饮酒作乐等。顺带一提，小说里设定这个待合位于东京新桥某处。

❶巴拿马帽

至于这两个男子，和服男是从事贷款行业的人。折叠在他右方的应该是夏季羽织吧。他眼前有个烟草盆，右手拿着烟管，脚下铺着夏季坐垫。

而房间右方的“地袋”上，放置了两顶帽子。右方看似“巴拿马帽”的帽子应该是他的吧。巴拿马帽在当时正流行，但价格还很昂贵，所以是富人的用品。

① 待合室，即候车室。——译者注

❷ 安全帽
❶ 巴拿马帽

❷安全帽

左方白色那顶是称为“安全帽”的一种夏季帽子。按常理推测，它一定是西服男的。虽然如此，但和服加安全帽也相当普遍。例如以下两张插画（图一、图二），在报纸插画上，和服搭配安全帽的例子反而压倒性地多。

这种和洋折衷是日本人逐渐西欧化的过程。至于时尚，对当时的男性来说，日本人如何自然而然，或者很勉强地接近西洋？这还是一个摸索的时代。

安全帽是早期非洲大陆探险队为了防止暑热与危险而戴的帽子，当时是又硬又厚的头盔状，称为“安全帽”或“拿破仑帽”。有些资料记载当时官吏经常戴着这种帽子。顺带一提，图二脚上穿着编织绑腿的人是法官。

图一　明治22年9月5日《江户新闻》

图二　明治24年2月20日《大和新闻》

代言人

再回到待合吧。

根据小说的设定，西服男是恶代言（不肖代言人）。代言人指的是现在的律师，在明治二十六年制订律师法改变名称前都是如此称呼。虽然是坏人，但代言人毕竟是正经行业，而且也需要出入法院、公所等场所，所以也像官吏一样戴着安全帽吧。

顺带一提，根据井上光郎撰写的《写真事件帖》："东都[①]的花柳界曾经约有二十五处，再怎么说，柳桥都是最顶级的，新桥居其二，并称为东都二桥。柳桥的客人以富豪商人居多，他们挥

① 东都，即东学。——译者注

金如土，懂得享乐；而新桥则是留着泥鳅胡的官员与御用商人居多。”

“官员”指的是“公务员”，也称为“官吏”。这里的“泥鳅胡”是指下级官吏，当时社会称呼上级官吏为“鲶鱼胡”。

夏季饮料

这天似乎很炎热，但两人都好好地穿着上衣，看起来流了很多汗，皱巴巴的手帕很随意地放在身旁。再前方一点，则是这位代言人常用的卷烟草盒，盒盖正开着。的确，再怎么样也不能穿着西服抽烟管吧。

两人眼前的杯子里放着汤匙，杯身已空，可能是喝麦汤吧。麦汤指的是麦茶，通常加糖饮用。杯子旁边托盘上的容器，想必装着砂糖，他们以汤匙搅拌后再饮用。他们谈得很愉快，在麦汤差不多快喝完时，待合的服务生端来看似洋酒的瓶子与脚杯。女服务生穿着围裙，因为是夏天，所以纸门是较为通风的夏季纸门。

帽子挂架

耐人寻味的是，这间待合并没有设置帽子挂架。如果像这间房间一样可以放在地袋上则无妨，但若非如此，还是需要帽子挂架。

帽子与西服同时从西方传入，因此照理说帽子挂架也一起传进来了。据说帽子是因为头部剪去丁髷后有点空荡，因此被广为接受。明治五年十一月的《新闻杂志》第六十七号刊登在京都发布“散发也无妨”的公告，人们争先恐后地剪去丁髷，而与此同时，大阪、神户舶来品店的帽子也瞬间销售一空。光是从这点便可知帽子很受欢迎，不过倒是没有足够的资料可以判断，当人们外出回来，或如插画一样，在外面脱下帽子后，要将它放置在哪里？

明治维新以降，日本人似乎相当喜欢帽子，不同阶级的人爱用各种类型帽子的潮流从未间断。

于是很自然地，明治十九年三月二十五日的《时事新报》投书栏出现了一篇文章，由此可以窥知“帽子挂架”已经在庶民世界里登场。

该文内容发生在汤屋。有些人不想把穿来的衣服像士兵服一样卷成一团，再装入更衣室的角箱（脱衣箱的一种）。因而产生了一种做法，即“更衣室的一方放置角箱，另一方则以一尺五寸为间隔，钉上横向的シャップ（Syappu）挂①，这样就可以解决了。”看来当时已经开始使用“シャップ挂”，也就是“帽子挂架”。

自宅的帽子置放处

我们已经初步了解帽子挂架在公共设施中的情况，那么在个人住家又是如何呢？

当时多数的帽子都是舶来品，那么像样的帽子挂架（最初应该都是舶来品吧）在哪里贩售呢？如果是东京，可能会在银座，若是横滨，应该可以在居留地附近的唐物屋（洋货店）寻获吧。把辛苦购得的帽子挂架装设在住家的客厅等处，想必具有某种阶级象征吧（图三）。

可以想象，如果有戴帽子的日本客人来访，即使主人没有说：

---

① シャップ即シャッポ，源自法文 chapeau，帽子的意思。

“我们家有这种称为帽子挂架的东西，请多加利用”，还是会让他产生一种走在时代尖端的感觉吧。

图三　明治 19 年 8 月 28 日《绘入朝野新闻》

至于简易的帽子挂架，约莫明治二十年代时可以在劝工厂（贩卖廉价日用品等，类似大超市的商店）购得，而国产品通常比较便宜。当时年轻男子生活的四叠半榻榻米房间里也有帽子挂架（图四）。

不过这些都是都市的情形。旅行地的旅馆似乎没有帽子挂架，在明治二十六年十二月的《中央新闻》刊登了《携带型帽子衣服挂架》的广告（图五）。

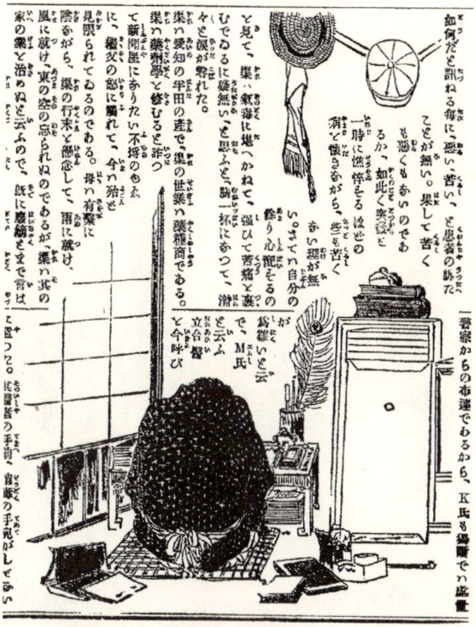

图四　墙上有帽子挂架，桌上装饰孔雀羽毛。
明治 28 年 10 月 2 日《读卖新闻》

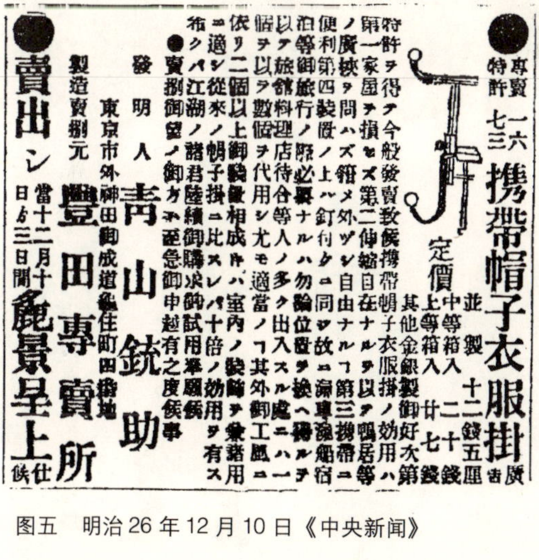

图五　明治 26 年 12 月 10 日《中央新闻》

明治男子喜爱帽子

明治时代流行了各式各样的帽子。大都是和服搭配帽子的和洋折衷式穿着。现在来看，每个都很有个性。

A 土耳其帽

明治 17 年 1 月 25 日《东京绘入新闻》

B 水獭帽

明治 19 年 1 月 12 日《绘入朝野新闻》

C 土耳其帽

D 宽帽缘圆顶帽

E 宽帽缘圆顶帽

明治 23 年 2 月 14 日《日出新闻》

F 军人帽

G 圆顶硬礼帽

明治 24 年 4 月 29 日《大阪每日新闻》

H 挂勾帽

明治 25 年 10 月 10 日《日出新闻》

I 名称不明的无缘帽

J 礼帽

明治 26 年 1 月 2 日《人和新闻》

K 拿破仑帽（安全帽）

明治 26 年 11 月 3 日《日出新闻》

L 圆顶硬礼帽

明治 26 年 11 月 25 日《都新闻》

M 应该是草帽

明治 28 年 7 月 4 日《都新闻》

N 鸭舌帽

明治 32 年 5 月 2 日《都新闻》

❶“冰”的标示　　❼冰店的盆栽

冰店的季节

明治二十二年七月十一日《江户新闻》
《夏之夜》第四回

❹ 胡瓜瓶的弹珠汽水
❺ 啤酒
❷ 冰淇淋金四钱的牌子

❸ 刨冰器

❻ 铺在长凳上的毛毯

这是经常被描绘的“冰店”画面。不过除了夏天之外不贩售冰，因此在其他季节被称为“水屋”或“水茶屋”。左方穿着箭羽花纹和服的妇人，手上拿着阳伞。因为伞面疑似有镶边，所以看起来比以前的蝙蝠伞还时髦。她为了表示礼仪而将伞稍微倾斜，或许正在向年轻男子问路吧。

此图是这样的画面，然而小说中完全没有交代这对男女的互动，只描述了这两位男子正在讨论事情，连冰店的事也只字未提。

当时的新闻小说常有这种情况：“关于插画内容有待下回介绍……”，文章和插画有着“时差”。但不知为何，这篇小说中没有冰店的场景，是一幅摸不着头绪的插画。在插画上有雕刻师的名字“秀刀”，但没有画工的落款。不过，只有“国松”能画出这种讲究的图。想必国松也经常出入当时非常流行的“冰店”吧，是否无论如何也想将它入画呢？

有另一种可能，小说家来不及交出原稿，因此先设定“两个男人的讨论”，然后吩咐：“剩下的就随你发挥吧！”于是就呈现出这个画面了吧。无论理由是什么，我们只能感谢他画出如此耐人寻味的插画。

❶ “冰”的标示

图中那面应该是布制的“冰”的标示，因为明治十六年有间名为“东京冰室”的冰店刊登了很大的广告（图一），由此推测，这类标示很可能是在那个时期开始出现在冰店前。

冰店的由来有很多说法。据说文久二年（1862），中川嘉兵卫在横滨开设了日本第一家店铺。不久后也传到东京，根据明治七年六月《新闻杂志》第二百六十一号，在银座、京桥、十轩店（现今日本桥室町三丁目）一带的冰店种植了“翠绿的树木”，柜子上“陈列数十种类的洋酒”，也摆放椅子、使用油灯，可见在炎热的夏夜里生意也非常好。

冰的买卖刚出现时，商家很辛苦地将“天然冰”从产地运来，然后保存于冰库内以供使用。大约在明治十七年，出现了使用阿摩尼亚制造的机械式“人造冰”。而这幅插画出现的时代，正好是这两种冰同时交错贩卖的时期。

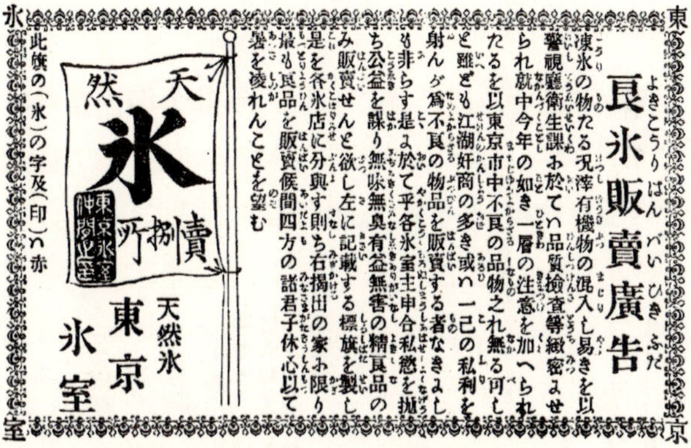

图一　明治 16 年 8 月 5 日《绘入自由新闻》

❷冰淇淋金四钱的牌子

柱子上挂着“冰淇淋金四钱”的牌子。国松一定很喜欢冰淇淋吧，我认为他是为了强调“真的很好吃喔”，而将牌子挂得这么明显。

明治二年六月，商家在横滨马车道上开始以“あいすくりん”（Aisukurin）的名称贩售冰淇淋，据说初期卖的是冰沙风味。

在明治八年九月四日《东京平假名绘入新闻》的广告栏刊登了“冰菓子冰淇淋的制造机器与制造方法，定价六十钱”。因为注明了教授制作方法，可以推测富人家庭会购买，当然也有人想把它当作生意吧。

后来与胜海舟①的三男有一段异国婚姻的克拉拉 · 惠特妮（Clara Whitney），在她撰写的《胜海舟的媳妇克拉拉的明治日记》中，记述了明治九年六月二十日她原本打算在上野精养轩②购买冰淇淋，但没有买成，还写到精养轩只有星期天才有贩售冰淇淋，可知即使是当时习惯吃冰淇淋的西方人也无法常常吃到。

庶民只能喝冰水忍耐

两年后在《读卖新闻》的广告中，登载了两国若松町的西洋菓子店“凬月堂”，除了贩售含洋酒的夹心饼干，也贩售名为“アイスキリム”（Aisukirimu）的冰淇淋（图二）。

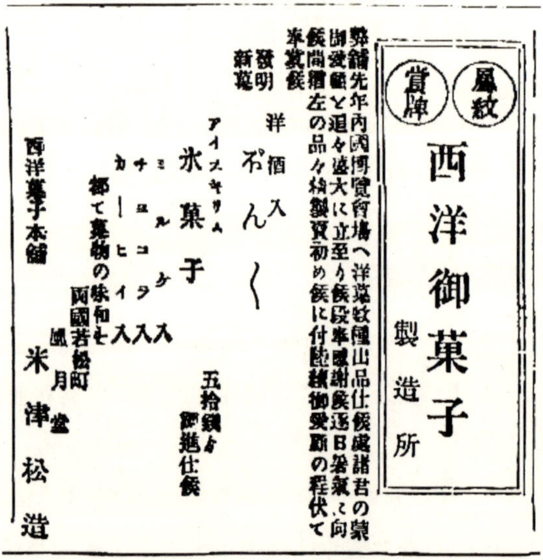

图二　明治 11 年 7 月 24 日《读卖新闻》

① 胜海舟（1823—1899），日本幕末政治家，幕府海军负责人。

② 上野精养轩，老字号西餐厅，1872 年成立。

图中的“五十钱起”可能是一人份的价格。这是不是稍微奢侈点就可以吃到呢？……明治十四年，大热天很想吃冰淇淋，但只能喝冰水忍耐，有人这么说。也有这样的记载：“即使到了明治十六年，银座通的冰店一杯冰水要价四钱，对庶民来说，冰淇淋是高不可攀的花朵。”相形之下，这张明治二十二年的插画中“冰淇淋金四钱”，价格相当亲民，想必像国松这样的人也可以很轻松享用吧。

❸刨冰器

因为被冰淇淋的柱子遮住而看不太清楚，后面有个绑着头巾的小哥正在削“刨冰”。这个道具安装了像是木工的刨床。原理和刨削柴鱼的工具差不多，然而现在刨削柴鱼的机器也变得很稀奇了，所以还是请各位欣赏实际的广告吧（图三）。

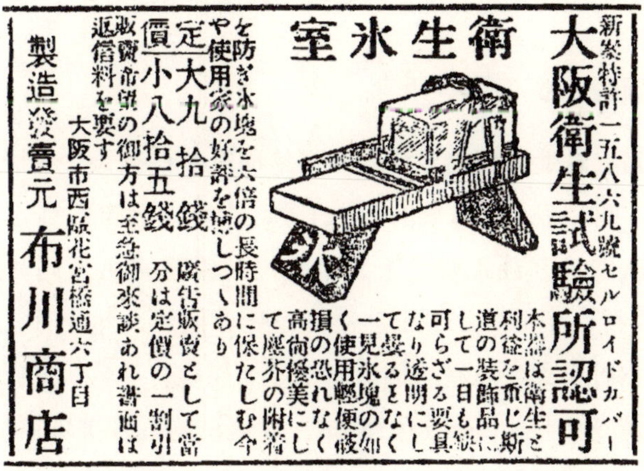

图三　明治 43 年 6 月 14 日《都新闻》

顺带一提，隐约可以看到这位小哥的脚边，他穿着跟底很高的木屐。这个木屐叫作“足驮”，无论男女，在湿漉漉的地方工作或雨天走在泥泞地时都会穿的木屐。

❹胡瓜瓶的弹珠汽水

排列在后方柜子上瓶身圆滚滚的是弹珠汽水的瓶子，当时称为“胡瓜瓶”。据说现在常见的塞入弹珠、形状特殊的瓶子，大约出现于明治二十年。

日本首度出现弹珠汽水，是明治元年时由东京筑地的中国人莲昌泰所制造的。我还未找到日本人首次饮用后打嗝而吓一跳的记载，但据说大家都对这奇妙的饮料敬而远之，事实上买来喝的只有外国人。

不过在明治十八九年东京周边霍乱大流行时，有人宣传天然冰很危险，喝弹珠汽水比较好，从此日本人便开始饮用弹珠汽水了。也就是说，这张插画绘于明治二十二年夏天，是霍乱流行后仅三四年的时间，也正好是弹珠汽水开始普及的时代。

用胡瓜瓶打人

接着，在此为各位介绍一幅描绘胡瓜瓶的插画。将画面局部放大后，可以看到胡瓜瓶的盖子还是软木塞（图四）。

这张图是刊载于明治十九年五月《绘入自由新闻》的小说《梦之浮桥》中的一个画面。故事设定在明治九年十月，地点是东京新富町里称为岛原的游廓。在某个夜晚，一名西方人喝了啤酒后心情正畅快，却遭娼妇欺骗，口袋里的五张美钞被偷走了，他盛怒之下想殴打该女子时……手上拿的就是胡瓜瓶。

确实，那个时代喝弹珠汽水的都是外国人，所以很合理，但为什么会随身携带胡瓜瓶呢？这是当时小说常有的情形，文中完全没有提到胡瓜瓶。不过，和剧情内容完全无关，在这个时期霍

图四　明治 19 年 5 月 23 日《绘入自由新闻》

乱猖獗，也许有人看了这张图就开始想喝弹珠汽水吧……

顺便介绍各种打人道具

用胡瓜瓶打人是非常罕见的例子，在报纸社会版中打架、争吵时用的“打人道具”，最常见的是“木屐”（图五），其次是“烟管”（图六），再来是“箱枕”，“酒壶”也不少，这些都是日常生活的物品。其他还有“文镇”“砥石”“铁瓶”“水沟盖”“天秤棒”“蝙蝠伞”“火箸（火筷子）”“磨粉棒”“顶门棍”“算盘”“铁锤”“碗公”“羽子板”[①]“梯子”等。而西式的物品还是以“拐杖”居多，其中比较稀奇的是“苦艾酒瓶”。有些日式物

① 羽子板，日本传统工艺品，有花样的木板。

品或许需要说明，但在此只能先割爱了。

图五　明治 29 年 12 月 5 日《都新闻》

图六　明治 18 年 3 月 8 日《绘入朝野新闻》

❺啤酒

排在弹珠汽水胡瓜瓶下的应该是啤酒瓶吧。瓶颈贴着长方形标签，瓶身则贴着椭圆形标签，从当时的广告可以得知只有啤酒是这种模样。

啤酒是幕末来到日本的西方人为了日常饮用而从自己的国家带来的。但数量并不充足，于是到了明治时代，由那些无论如何都想喝啤酒的在日外国人制造出日本制啤酒。

明治六年，在斋藤月岑撰写的《武江年表》中罗列出可能会流行的物品，其中包含了“麦酒”（啤酒）。也就是说，虽然尚未普及，但似乎有即将流行的氛围了。在两年后《读卖新闻》的投书栏，有人描述来到东京后让他感到惊讶的其中一件事情是，虽然文明开化大流行，竟然连佣人（おさんどん，帮忙煮饭等事的人）都喝啤酒喝到酣醉。

若只观察报纸广告，大约在明治十七年，市面上开始贩卖各种啤酒，可以窥知此时啤酒已逐渐普遍化了。在此从明治二十二年的广告中挑出以下四款向各位介绍（图七至图十）。

图七　东阳啤酒。
明治22年2月11日《绘入朝野新闻》

图八　东啤酒。
明治22年3月29日《绘入朝野新闻》

图九　三星啤酒。
明治 22 年 6 月 23 日《江户新闻》

图十　军舰啤酒。
明治 22 年 8 月 17 日《江户新闻》

洋酒标签的三个事件

现在啤酒和洋酒被分为不同的种类，但在明治时代啤酒被归为洋酒的一部分。前述（页 58）明治七年六月“冰店”的报道中，提到冰店柜子里“陈列数十品的洋酒类”，其中一定也包含了啤酒。值得一提的是，洋酒都贴着品牌的标签，但在不熟悉洋酒的人眼里，似乎把它们视为漂亮的纸片，因此发生了种种乌龙事件。

根据明治十二年的《读卖新闻》，横滨美春町的山崎阿寅①家闯入一名强盗，阿寅把放在烟草盆抽屉里的几张洋酒标签拿给强盗，强盗误以为是纸钞而高兴得不得了，忘了带走大菜刀就逃走了。不管怎么说，盗贼应该也能分辨标签或纸钞。但若发生了这种乌龙事件，表示那一定是四角形的标签。既然如此，可以推测洋酒应该是贴着四方形标签的葡萄酒。

那么，阿寅为什么把洋酒标签收在抽屉里呢？可能是因为标

---

① 原文为“山崎おとら”，おとら读作 Otora。

签很漂亮，所以瓶子卖给空瓶回收店，标签则撕下来收存吧。若是如此，阿寅可说是洋酒标签收藏家的先驱了。

然而，也有和这个故事相反的事件。根据明治十六年《东京绘入新闻》的报道，大冢阿熊①（三十七岁）前往浅草柳原町办事，在回家的路上发现三张看起来很像是贴在洋酒瓶上、疑似铜版印刷的美丽纸片掉落地上，她想把它们送给小孩当玩具，于是带回家给丈夫看，结果发现那竟然是货真价实的五圆纸钞。因为他们从未拥有这么高额的纸钞，才会发生误会。如此看来，也难怪上一则故事里的强盗会把标签误以为是真正的纸钞了。

另外，还有一个和这个故事相反的事件。根据明治十九年《读卖新闻》的报道，本所米店的老板娘阿广②以为客人给了她五圆纸钞，但实际上却是“樱田啤酒”的标签（图十一）。不过樱田啤酒的标签是椭圆形的，虽说五圆纸钞很少见，但她未免也太粗心了吧。当时大约是明治维新后二十年，这个事件说明了那正是喝了弹珠汽水后连打几次嗝而感到惊恐的时代。

图十一　樱田啤酒。
明治 19 年 6 月 5 日《读卖新闻》

① 原文为“大冢おくま”，おくま读作 Okuma。

② 原文为おひろ，读作 Ohiro。

在此介绍和此插画同为明治二十二年报纸广告上的葡萄酒以供参考（图十二至图十五）。明治二十二年，当局公布了“大日本帝国宪法”，而隔年终于成立了“帝国议会”，因此出现相关的品牌名称。

图十二　国开葡萄酒。
明治 22 年 1 月 1 日《绘入朝野新闻》

图十三　香窜葡萄酒。
明治 22 年 1 月 1 日《绘入朝野新闻》

图十四　药用葡萄酒。
明治 22 年 1 月 3 日《绘入朝野新闻》

图十五　宪法葡萄酒。
明治 22 年 8 月 4 日《江户新闻》

❻铺在长凳上的毛毯

在冰店门口的长凳上铺着 Ketto。Ketto 是指毛毯，因为使用兽毛，在农耕民族的日本很少制作，大都从大陆①进口，是相当昂贵的奢侈品。明治以降，因为西式军队的军服等，使得西服的需求提高，以明治十二年东京千住（现今荒川区南千住）官营的“千住制绒所”为首，各地也开始设置毛织品工厂。事实上在军队里，毛毯在露营等场合是必备的用品。当时没有其他替代物，因此耗费相当长的时间才全部变成国产。

虽然如此，在绘制这张插画的明治二十三年，连一间普通的冰店里也铺着 ketto。终于进入 ketto 普及的时代了。

❼冰店的盆栽

上述明治七年六月的《新闻杂志》提到冰店里种植了“翠绿的树木”，虽然我不曾在其他地方看过相同的记载，但从刻意地描述此事可见这或许是当时夏天冰店常见的光景。

这棵“翠绿的树木”看起来像是“杉树”或“冷杉”。而杉叶确实可以拿来做蚊香，也有杀菌的效果，但若因为这个理由而被放在此处，说服力仍不够。那么会是“冷杉”吗？说不定是拿来当作圣诞树的冷杉，在淡季时出借到这里……目前我只能这样猜测了。

---

① 大陆应是欧亚大陆。——译者注

冰店——夏天的乐趣

根据《明治东京逸闻史一》的记载："冰店是明治以后出现的新行业，一开始只是把冰敲碎，放在水里供人食用。接着有人发明了用刨子削冰，削成雪片状，然后盛在杯子里淋上糖水来贩售。后来开始和各种东西混合调味。"明治二十八年九月一日的《风俗画报》介绍了冰水的种类，在此罗列如下：冰水、小冰砖、雪之花、冰汁粉、冰蜜柑、冰柠檬、冰葡萄、冰汤圆、冰鸡蛋、冰草莓、冰弹珠汽水、冰薄茶等。以下这些图片是冰店的场景。从插画来看，明治十六年已经出现摆放椅子与餐桌的店家，餐桌上的高脚杯应该是洋酒杯吧。看起来像是使用普通的杯子吃冰，我目前还未在插画上看到现在常见的刨冰高脚杯。

明治 11 年 4 月 26 日《东京绘入新闻》

明治 16 年 7 月 11 日《绘入朝野新闻》

明治 19 年 7 月 18 日《改进新闻》

雨天的装扮

明治十九年八月十三日《绘入朝野新闻》

《钱庄气质》第十二回

穿着羽织的妇人站在长屋①外“沟盖”上，她曾经是官夫人，如今苦于生计，仅以微薄金钱为资本，从事小额贷款。这个场景是：这天她来到此处讨债，但“罗宇屋”无法在雨天做生意，当然也就无法还债。

妇人手持“蛇目伞”，如同前一章里冰店的“妇人”稍微倾斜着伞和男人对话一样，这张插画是妇人将伞收合成半开状态，正与屋内的男子对话。

❶雨天的伞

相对于洋伞，日本固有的纸糊伞称为“和伞”，在古代则称为“唐伞”。“唐”是指中国，所以它可能源自中国。在这些唐伞当中，元禄时代②有人制造出类似画里“蛇目图案”的伞，并且广为普及。另外还有“番伞”，是写上店名和地址并附有编号③的出借伞。例如商店、旅馆等，若熟客来访期间突然下起雷阵雨，便将伞出借给他们。

---

① 长屋，隔成多户的长形房屋，是日本传统的集合住宅。

② 元禄时代，1688—1704 年。

③ 号码的日文是“番号”，因此称为“番伞”。

❶雨天的伞
❹罗宇屋的背式营业道具箱
❸挂在手腕上的布
❷雨天的木屐

❷雨天的木屐

雨天会穿上专用木屐。当时的道路不像现在经过铺装，每当下雨，路面就会变得泥泞不堪、四处积水，因此这种木屐的鞋跟较高。这种鞋子称为“足駄”，也称为高下駄、高足駄。若穿着分趾袜，则会像图中人物套上“爪皮”，避免弄脏脚尖。此外，当时妇人衣服的下摆很长，所以会将下摆稍微提高，在腰部下方以“扱带”① 绑起来，将它固定不致滑落，以免弄脏下摆。从这张图片可以看到“扱带”的打结处。

樋口一叶日记里出现的伞

在樋口一叶的日记中经常描写到“伞”。以下列举其中一部分，可清楚了解当时一叶的家人如何使用伞。

A 明治二十四年八月八日

阳光已变得微弱，但路人的眼光令人十分烦躁，于是仍旧撑着伞。

这天的日照可能特别强烈。往上野图书馆的归途中，日照终于减弱，但不想被别人看到自己满身大汗赶路回家的模样，因此撑着手上的伞，尽可能地避开阳光。也就是说，此时是当作阳伞使用。

B 翌日

两支洋伞换伞面。一支是双层的甲斐绢，另一支是平常使用的毛繻子。两支共一圆十钱。

---

① 原文“shigoki”（しごき），一种腰带。

毛孺子[①]的伞在平常使用，因此前一天使用的可能是这一支。甲斐绢因为很高级，所以重要场合才会使用吧。不过若两支伞同时送去维修，那么至少还有一支雨天的备用伞。

C 明治二十五年三月二十四日

大雨。（中略）为了请师君看我的文章，冒着大雨出门。家里一支雨伞也没有，只好用一支小洋伞应急。飞雨如箭地落下，穿着没有套上爪皮的高下駄走在污泥路上，实在是寸步难行。抵达师君住处时，无论羽织或和服都湿透了。

照理说，至少有两支曾送去更换伞面的洋伞，但大约半年后，或许是因为妹妹正在使用，所以已经没有雨伞可用。而小洋伞可能是 A 的阳伞，没办法只好撑着它，虽然穿着高下駄，但没有爪皮，结果羽织及和服都淋湿了。可见雨天还是需要有应对的装扮才行。

D 同年八月二十八日

晴天。野野宫来访。（中略）他说了句“好吧！”当他要回家时，发现他的西洋伞和我们家的伞共三支伞，竟不知何时被偷走了，真有意思。

因为特别说明野野宫的伞是西洋伞，所以樋口家的伞可能是和伞。话说，家有访客时，放在玄关的伞竟然被偷走，我原以为这是很稀奇的事，但根据一篇去年十月《国会》报纸里的文章得知，当时一叶住的本乡一带，刚好那里专偷鞋伞的小偷正猖獗。

E 那把伞被偷走的隔日，野野宫氏再度来访

① 毛孺子，由棉线、毛线交织而成，平滑有光彩的纺织品。

他说："有人送了我两支洋伞"，于是送一支给我们家。

如此一来，樋口家来了一支洋伞。一叶分别使用"伞""西洋伞""洋伞"，因此，只写"伞"，可能指的是"和伞"，只是到了这个时代，似乎有人连"洋伞"都只写"伞"。

F 明治二十八年四月二十四日的午后，马场孤蝶来访，共进晚餐，餐后继续深谈时，"突然下雨，于是把伞借给他。并且问他：'需要驹下駄吗？'，虽然是女用的有点奇怪，但还是借给他，他也就笑着穿走了。"

无法判断出借的雨伞是否为两年半前野野宫送给樋口家的洋伞。另外，将女用驹下駄借给他，是因为它比一般的木屐还要高。

G 同年五月四日，将伞借给马场的十天后，马场与平田秃木再度来访。

聊了很多。夜深准备回家时，下起雨来。因为平田没有伞，于是把伞借给他。

马场应该带着上次借的伞，而平田没有带伞。于是将一叶家的另一支伞借给他。也就是说，此时一叶家至少有两支伞。

H 同年五月二十八日

这天晚上，眉山君带着前天借他的伞来访。

两天前，川上眉山首度造访一叶家。在明治初期蝙蝠伞大为流行时，即使是晴天，男性也会携带雨伞当作拐杖，这是相当普遍的。只是在一叶家如此频繁地借伞，看来这个时期男性特地带着蝙蝠伞当作阳伞的情形变少了。

关于妇女用伞

以黑色蝙蝠伞为开端的女用阳伞，在被称为鹿鸣馆时代①的明治十八年左右，开始出现长柄、肩幅度宽、时髦而小巧的伞。一叶在明治二十四年左右使用的小洋伞，此时应该很普遍了。但因为小型的伞不实用，加上对于急遽“崇洋”风潮的反动，到了明治三十年代，“元禄时代风”反而备受青睐，一般认为雨天时带着“蛇目伞”比蝙蝠伞更好。另外，请大家看看蛇目伞的插画（图一），这张“蛇目”的花纹更为清楚。

图一　明治 31 年 12 年 27 日《中央新闻》

① 鹿鸣馆，1883 年兴建于东京，是日本明治时代用以接待外宾的宴会场所。“鹿鸣馆时代”，一般是指明治一十年代后半叶。

顺便也列举三种“番伞”提供读者观赏。

写着杂货店“南歌”店名的番伞。因为风很大，伞只打开一半。为了避免淋湿而卷起和服的下摆，所以露出内衣腰卷[①]。而且赤脚穿上高足馱。(图二)

图二　明治 11 年 12 月 12 日《东京绘入新闻》

写着“甲府屋”的番伞。从松枝（此地已越过碓冰峠[②]）的旅馆甲府屋出发时下起了大雨，而且同行的人生病了，于是向旅馆借番伞，并询问附近有没有好医生。(图三)

---

① 腰卷，日本女性穿在和服内的贴身内衣。

② 碓冰峠，现今日本群马县安中市松井田町和长野县北佐久郡轻井泽的交界处。

图三　明治23年9月26日《大和新闻》

男子赤脚并将衣服下摆卷到臀部，撑着一把有编号的番伞。小说中叙述这是小石川的茶室“釜屋”的伞。当风雨大时，往往就像图中人物一样撑着半开的伞行走。（图四）

图四　明治32年3月21日《读卖新闻》

❸挂在手腕上的布

仔细看会发现女子的左腕上挂着好像布的东西。其实我不太清楚这是什么。这个时代尚未开始贩卖商品化的袋子。那么，这是淋雨时使用的手巾吗？如果是，布的花纹真时髦。如此想来，有可能是一个“包巾”，用来装入账簿及讨回的债款。想必是为了防止淋湿而挂在手腕上吧。在任何时代，下雨天外出都很麻烦。

❹罗宇屋的背式营业道具箱

所谓罗宇屋，是用蒸气来清除塞住烟管的烟垢，以及替换管子的行业。据说称为“罗宇”，是因为烟管使用的黑斑竹是从东南亚的寮国①输入美国。在此请各位观赏罗宇屋平时营业场景的插画（图五）。

图五　明治 14 年 12 月 1 日《东京绘入新闻》

---

① “罗宇”的日文发音与寮国近似。

梅雨的准备

明治四十四年六月五日的《都新闻》刊登了《梅雨的准备》一文。

文章开头写道："墙垣上长出不知名的蔓草，开出白色花朵，在这种梅雨时节的天空下（中略）雨伞与足駄当然是必备的。"在"蛇目伞"的项目中，叙述了这一年蛇目花纹颜色很流行。报纸插画是黑白的，所以看不出来，但若蛇目是彩色的并不奇怪。

根据此文所述，"以往的颜色是黑和涩（茶褐色），虽然至今仍不退流行，但今年流行薄鼠（浅灰色）及莺（绿褐色），女用伞也是以薄鼠为主，但年轻女子比较适合退红色（淡红色）。另外，'天变'以透光的方式印上小花纹或家纹等，也稍稍流行了起来。"引文最后的"天变"是指"透光"。远看这个"透光"的花样，不知是否看得清楚，只有使用者稍微抬头往上看时，会看到浮现的花样。这是"风流"吗？或者可说是一种雨天的乐趣，是日本人才有的想法吧。

另外，虽然叙述简短，但关于"番伞"也有一个独立的项目。"一概称为大黑伞，但仍可分为美浓产与纪州产①，最坚固的是美浓赤版，印有店名与编号的价格在四十七八钱上下，一般则是三十钱以上。"根据这里的记载，番伞称为"大黑伞"。于是我赶紧翻阅《大辞林》，发现当中的记载："番伞的别名（原本是江户时代，大阪的大黑屋所制作的番伞。辘轳粗，伞纸厚，非常坚固）"。至于"辘轳"的说明是："唐伞的中央部位，伞骨收束之

---

① "美浓"是现在的日本岐阜县，"纪州"是和歌山县。

处。”原来如此，看来番伞的卖点是比蛇目伞还坚固。

另外，在该文中也有“足駄”与“爪皮”的说明，在此先割爱。

附有自动除泥机的 “都伞”

最后为各位介绍明治四十二年四月五日《都新闻》广告中“附自动除泥机都伞”（图六）。说“自动”有点夸大其词，所谓“除泥机”，指的是手把尖端有个装置，“即使立在泥泞中，也无须担心弄脏手把。”不是什么大不了的装置，但在东京市内尚未铺路的时代，只要下雨，泥土的道路就会变成泥沼，一般称为“泥泞地”。因此，将手把往下立起来时，这个装置很方便。试想，这种立在地面的“石突”（伞的尖端，接触地面的尖锐部分）具备了与洋伞尖端同样的功能。

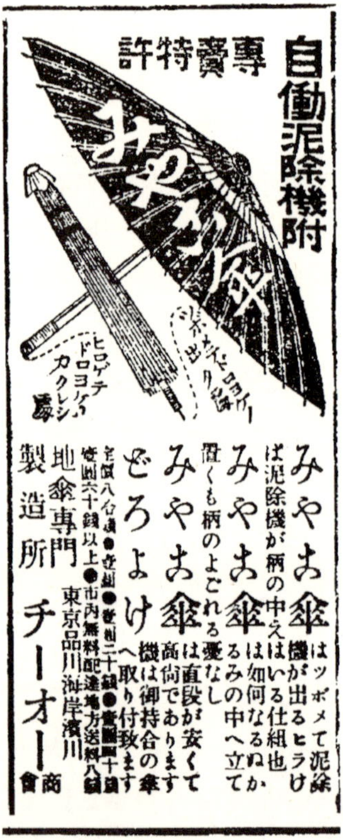

图六　明治 42 年 4 月 5 日《都新闻》

这么说来，当和伞立起来的时候，手把会接触地面，这是常识，也就是和洋伞相反。洋伞有伞架，在插画中的玄关处也画了此物，我很好奇该怎么立起和伞，结果在明治二十七年十一月的《日出新闻》上看到挂在室内的梁（参见图七，另外在图中也可看到挂在玄关处）。顺带一提，明治三十九年十二月《都新闻》的广告，刊登了日本桥区通油町“石川商店”的洋伞与和伞兼用的伞架（图八）。

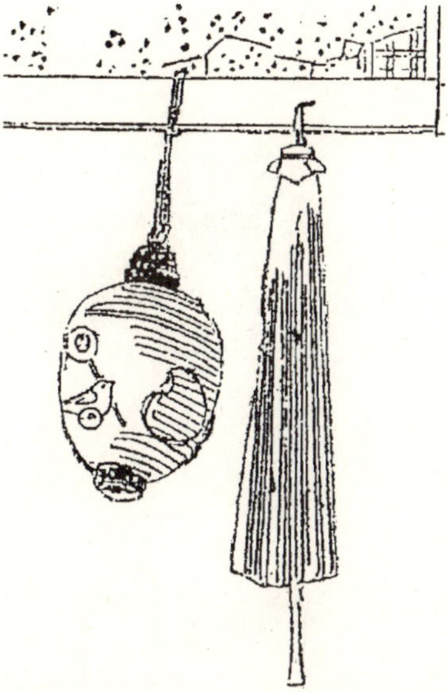

图七　明治 27 年 11 月 21 日《日出新闻》

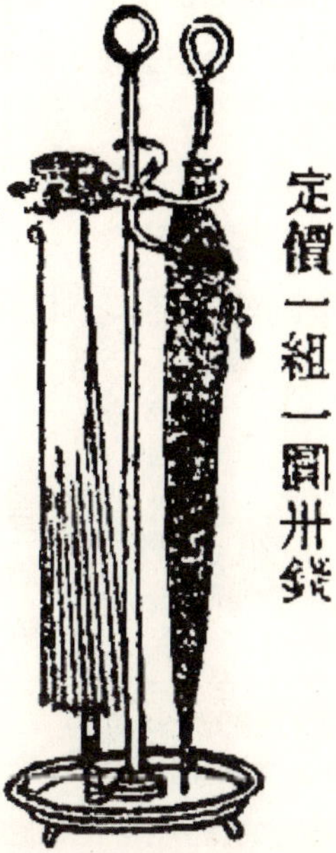

图八　明治 39 年 12 月 7 日《都新闻》

下雪天的伞

在下雪天使用的伞，以和伞压倒性地多。有趣的是，插画里关于下雪的描绘方式，跳跃式的画法，乍看之下很像一点一点的黑色灰尘。不知为何，这种场景往往会搭配小狗。

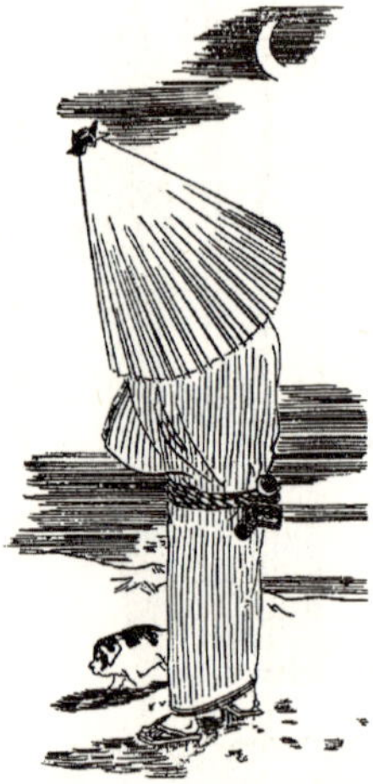

明治 36 年 9 月 4 日《都新闻》

明治 35 年 6 月 12 日《中央新闻》

明治 18 年 10 月 1 日《自由灯》

明治 34 年 2 月 26 日《日出国（大和）新闻》

明治 22 年 11 月 27 日《大和新闻》

❼ 被拆除的雨户（户板）

む唯今歸りましたと云ふも何やらシク〳〵淚オヽお賤戻つたか見れバ
ら平生に無い機嫌の惡い其顏付母の言葉を用ひぬに又しても〳〵酒屋の
惡弄ふて喧嘩ばし仕たのであろ些と嗜むだが好いわいのと云いれてお
りを振り「イヽエ〳〵左樣でハ御座りませぬアノ徃來で今の先まで坊の守
ましたが今日ハ學校の試驗ゆゑお松さむやお梅さむが髮も奇麗に結ふて

あるゝ前世の因果ぞと泣杓をれて居たりしが漸々淚を押拭ひ「最う〳〵和女も泣かぬが好い今日が試驗と云ふ事ハ妾も兼て知つて居るゆゑ斯ういふ事も有らふかと年比日比此母が酒ぎ洗濯賃裁縫に精を出して稼ぎ溜めたお金を出して昨宵の內に和女の晴着を一ト通りアノ横町の質屋り

暫らく待つてお呉れと云ふたれバ「オヽ悲し
ら皆受戻して置いた程に機嫌直して些とも早く裝る

❽ 玄关的腰高障子

长屋的小保姆

明治十九年九月十日《绘入朝野新闻》

《封文恋红笔》第十九回

这是关于里长屋[①]贫穷家庭的故事。父亲是拾荒者，女儿阿静[②]念小学，这天是考试的日子，但在母亲准备早餐时，她必须背着刚出生的弟弟并照顾他。这个场景是：她走到屋外，看见朋友们穿着整齐正要上学，想到自己家境贫穷只能穿褴褛（补丁的衣服、破烂衣服），就忍不住抽抽噎噎地哭了起来。

❶保姆

贫穷人家里所有成员都是劳力。不管是哪个家庭，当母亲做家事时，大都是由姐姐来照顾婴儿。她们用“背巾”背着小孩，寒冷时把称为“安眠半缠”的棉罩衣披在背负的小孩身上。大部分的小保姆为了避免婴儿拉扯头发玩耍，都会以手巾绑头（图一、图二）。

图一　保姆也是工作，因此围着工作服的围裙，脚上穿着稻草履。
明治21年5月23日《绘入朝野新闻》

① 里长屋，后街陋巷的长屋，通常为贫民、下层武士等居住的地方。
② 原文为おしず（Oshizu）。

图二 穿着“安眠半缠”的保姆。
明治 24 年 2 月 25 日《大和新闻》

❷长屋的厕所

长屋的厕所大都称为“总后架”，也称作“总雪隐”。在本章开头插画里出现的厕所门只有部分，上头悬挂“随手关门”的牌子。如图三，多数的门只有下半部。

图三 明治 10 年 7 月 26 日
《东京绘入新闻》

❸张贴在厕所内的广告单

在长屋的厕所里，多半会张贴“下体用药”的广告单。插画里的文字是“せんき药”（Senki药），“せんき”的汉字是“疝气”，在中医里是指下体疼痛的疾病。

❹手水桶

厕所附近挂着小桶子。我原先不知道这个桶子的名称，但明治十九年十月八日《时事新报》的投书写道："禁止在过雪隐里张贴广告之后，环境大为改善，但各地雪隐都没有设置洗手桶，很不方便。恳请管辖单位在各个雪隐附近设置洗手桶。"（濑户物町小子 K. F.）因而得知它称作"洗手桶"。"过雪隐"是指街道上的公共厕所。

进一步调查之后，我发现与小泉和子在《家具》中提到的"手水桶"，几乎是一样的东西。另外也有称为"手水钵"① 的器具，依照这些用例，因而可称之为"手水桶"。无论如何，使用时应该是用柄勺舀水淋在手上。然而这张插画没有画柄勺，如此一来就很令人好奇没有柄勺时该如何使用。

或许是直接将手伸进去。但一想到后面使用的人，对长屋的共同生活者来说，未免太不卫生了。虽然如此，如果把这个水桶拿起来先淋在一只手上，然后换手再淋在另一只手上，那么里面的水就会用完。因为长屋附近就有水井，因此重新装水后，又挂回同一个地方。

这么想也算合理，但既然如此，如起初想象的，先将指尖泡在水桶里冲洗后，把水桶拿到井边，将水倒掉后重新盛水，最后再放回原来的地方，我们也可以这么想。然而所有长屋的居民都会做这么麻烦的事吗？截至目前所见，插画或众多小说里都没有出现这种场景。

---

① "钵"是"盆"之意。

在一个尚无近代水道设备的时代，长屋居民可以利用水井汲水，并装入桶子里使用。不过投书里的“辻雪隐”是在街道上，除非附近有取水处，否则很难提供干净的水，所以才没有设置手水桶吧。

❺长屋的狗

接下来，下方的狗可不是一般野狗。自江户时代开始，有些长屋会饲养“长屋之犬”当看门狗。它们没有固定的主人，为守护长屋这个共同体，其任务是一旦发现可疑人士进入家园，便以吠叫等方式通知居民。不知是否有人轮流照顾它们，总之由某人喂食，小狗则很随兴地栖身于长屋角落等一些可以躲雨之处。小狗出生时，长屋的儿童会帮忙照顾它们，是一种共存共荣的关系。

图四　明治 25 年 12 月 22 日《都新闻》

有狗的长屋三景

明治初期狂犬病猖獗，因此开始规定在小狗脖子挂上记载主人住址与姓名的牌子，若没有挂牌子，立刻会被扑杀。明治六年四月，在东京府下进行捕抓野狗的行动，因此数量减少超过半数。（图四）

长屋至少会有一个水井。小狗看起来并无挂上牌子，因此大家都要注意不让它离开长屋。左边的妇人剃眉，可知是已婚者，右边的人则是未婚者。这个女孩的后方竖立着雨户，后文将会说

明［详见❼被拆除的雨户（户板）］。（图五）

左下是水井，右方是总后架（厕所），可以看到下体用药的广告。在酒贩小伙子与蔷麦面店的外送人员之间有个“手水桶”。在后方格子窗户下，将该户人家的雨户横放收纳，左方的屋檐下挂

图五　明治 16 年 3 月 29 日《东京绘入新闻》

图六　明治 22 年 12 月 22 日《日出新闻》

着和伞。还有两只可能是刚出生的长屋小狗，其中一只把原本在长屋深处垃圾堆里的破烂稻草履拉出来玩。（图六）

❻沟板

这个时期的长屋图画总是会出现沟板。在尚无欧美式下水道的时代，人们会挖掘这种水沟，让水流到附近的河川。长屋内的水沟当然会盖上木盖，至于长什么样子，经常出现在樋口一叶的作品里。

同样的新辟市街边缘，蔬菜店紧邻着梳发店，其间的小巷狭窄得连雨天都无法撑伞，脚边到处都是沟板的坎阱，两侧都是栋割长屋[①]。（樋口一叶《浊江》）

母亲在烂灶[②]上放了一个破锅，吩咐我去买东西。我提着滤勺，手里捏着零钱高兴地跑去米店，但回途时却冻僵了，手脚不听使唤，在离家五六间屋舍之处不小心踩到结冰的沟板而滑了一跤，结果手上的东西掉落，刚买来的米便从一块松脱沟板的隙缝唰啦唰啦地滑落，底下是污水脏泥，我探头看了又看，不知道怎么把它们捡起来。（樋口一叶《浊江》）

❼被拆除的雨户 （户板）[③]

❽玄关的腰高障子[④]

贫民的长屋只有一个入口，一般都以腰高阵子当作玄关的门。

---

① 栋割长屋，隔间数户合住的长屋。另外，小说篇名原文“にごりえ”，此处采用林文月的中译篇名“浊江”。内文则由本书译者重新翻译。

② 破烂的灶，有关“灶”，请参见《里长屋的玄关是厨房》。

③ 户板，门板。

④ 障子，日式的纸拉门。

即使在白天室内也很昏暗，为了尽量采光，在比腰部高的地方糊上纸。晚上为了安全起见，从里面放上顶门棍锁住，若是下雨就会装上雨户，一到早上就将它拆除，靠在外墙上。雨户通常称为“户板”，除了用来作为雨户之外，有时会当作“担架”来搬运病人或伤员（图七），在外头摆摊做生意时，也会用来当作陈列商品的台子（图八）。

图七　虽然是历史故事①（非明治时代），画中描绘武士父亲被砍伤，众人正用户板搬运。明治 25 年 1 月 20 日《中央新闻》

① 原文为“时代物”，一般指取材自明治时代以前的人事物而创作的戏剧、文学。

图八　利用户板当作蜜柑摊位的台子。明治 16 年 1 月 23 日《东京绘入新闻》

贫穷生活与西洋物品

仔细观察这一回《长屋的小保姆》的插画，读者是否发现它毫无半点西洋气息呢？有些资料显示，明治时代有九成住在东京的人过着贫穷生活，虽然贫穷的境遇形形色色，但大部分的人都没有余裕购买西洋进口的生活用品。换言之，他们的生活仍维持着江户时代的样子。从下一章开始，我们就来看看那个人们普遍过着贫困生活的时代样貌吧！

洗耳笔下的狗

这些是《都新闻》插画家松本洗耳笔下的狗。每张都画得很传神。虽然只有三张附有洗耳的落款，但我试着从画风挑选应为洗耳之笔的作品。有几张可能是他的师父富冈永洗的作品。

明治 30 年 3 月 4 日

明治 33 年 1 月 30 日

明治 33 年 12 月 1 日

明治 28 年 5 月 12 日

明治 30 年 5 月 1 日

明治 35 年 4 月 2 日

明治 34 年 2 月 5 日

6 使用反古的墙壁维修
2 病人缠头巾
1 煎饼床垫

贫穷与病人

明治十六年十月七日《绘入朝野新闻》

《袖之露》

这篇文章不是小说，而是介绍贫穷人家的真实故事。实际上连东京到处都是穷人，可见全日本都很贫穷吧。自从报纸出现以来，有段时间几乎每天都会报道这类各式各样的贫穷生活。

这是菊地六右卫门（报道当时五十六岁）的故事，他原本在深川六间堀①经营一间叫作水户屋的旧衣店。六右卫门先生经常生病，甚至一个月里有一半的时间处于休息状态，后来太太阿琴②（当时四十五岁）因罹患眼疾而完全失明，不得已只好让小孩们外出帮佣……

有一段时间里，他们全靠女儿阿修③（当年十一岁）和长子源吉的工作勉强糊口，但不幸的事情接二连三地发生。夫妇在明治七年时都罹患重病，在孩子的照顾下才刚痊愈，一场发生在明治十四年的火灾造成住家烧毁。于是两个小孩各自向主人请求预支薪水，到浅草福井町的里长屋租屋，过着拮据的生活。没想到后来六右卫门再度病发，从这年的春天开始卧病在床，于是阿修（报道当时二十一岁）与源吉两兄妹，只好利用工作空档照顾父亲，这幅画即是描绘这样的画面。不过父母是报道当时的模样，但儿女④却是十年前的模样，作者将两个时间点画在同一幅图上，凸显孩子们坚强勤奋的样子。

❶煎饼床垫

贫穷也有等级，一旦有病人就会被分类到极贫生活。若是极贫，床垫就很薄。但这只是一块布还是床垫呢？暂且当作“床垫”

---

① 深川六间堀为东京地名。

② 原文おこと（Okoto）。

③ 原文おじう（Ojiu）。

④ 原文为“姊弟”。因为与同段落“兄妹”的描述有异，在不影响文意的前提下，此处暂且以“儿女”译之。

吧。这种单薄而简陋的床垫叫作“煎饼床垫”。当时的日本普遍没有床单，就只是随便铺着床垫而已。

在明治十八年二月东京千岁座首演的河竹默阿弥《水天宫利生深川》① 中，以放债为业的金兵卫有一句台词：“如果你没办法还钱，就要有所觉悟，依照约定，我会把价值相当于百贯②的一顶斗笠、一张抵押的煎饼床垫、炉灶连同锅子及所有厨房用具都带走。”毫无疑问，煎饼床垫也是财产之一。

即使是煎饼床垫，也是一种“床垫”。在《大辞林》查询“床垫”一词，其说明是：“在缝成袋状的布里装入棉、羽毛、稻草等”，但并没有介绍“煎饼床垫”。再稍微追溯“床垫”的历史，发现江户时代有一种称为“纸衾”的寝具，外围是纸，里头装入稻草。可以猜测六右卫门先生家的床垫里也是稻草或纸屑、碎布，总之填装了某样东西吧。

贫穷和煎饼床垫密不可分，但若停留在“煎饼”这个名称，会觉得它又硬又薄、凹凸不平，睡起来一定很不舒适。如果这种“凹凸不平”是让人可以感觉到下面老旧榻榻米的程度，无论里头填装了什么，都能猜测到它的本质原形吧。

❷病人缠头巾

出现于报纸插画的病人，好像有什么规定似的，几乎所有人都绑着“病人缠头巾”。根据《大辞林》的说明：“在歌舞伎、人形净琉璃③里，为了显示对象是病人，通常会绑上缠头巾作为象征。无论男女，年轻的角色是紫色头巾，老人则使用黑色头巾，

① 河竹默阿弥（1816—1893），歌舞伎编剧，《水天宫利生深川》是他的作品之一。
② 贯是日本古时候的通货单位。
③ 人形净琉璃，日本传统布偶戏。

并于头部左侧打结。”看来现实生活也是如此。这位六右卫门也绑着有颜色的头巾，根据习俗应该是“黑色”的。另外也有资料记载，据说紫色可以冷却头部。实际上我也曾经在头痛时绑上头巾，真的稍有舒缓之感，说不定这在医学上也有什么根据呢……

❸七厘

在木板间，女儿右手拿着柿漆团扇①，“七厘”上放着药壶，正在煎药（放在手边的应该就是包药的纸）。

在文章里，这个场景有一句父亲的台词：“喂喂！那个那个，你是帮佣的身份，这里没有关系了，你赶快回去主人家吧！”女儿回答：“还没到晚上八点，主人和夫人都说十点以前回去就好，在那之前，你就让我听听你刚才做了什么梦吧！”接着便向读者交代他们的身世……不过我们先回到“七厘”吧。

“七厘”也叫作焜炉②，写法有“七厘”或“七轮”。形状主要是圆筒型，以炭为燃料，与火盆不同，不使用灰，凹处放入铁制“踏垫”，把炭火放在上面，并且打洞让空气流通。

这个词汇的来源有很多种说法，根据江户后期的国语辞典《倭训刊》中“しちりん”（Shichirin）的项目，说明如下：“便于煮药、热酒，只需银七厘③的炭就够用，由此得名。”还有另外一种说法，因为有七个通风孔，所以叫作“七轮”。

无论如何，这个叫做七厘的焜炉，是在江户/东京④，以一种能够廉价生产的陶器（名为今户烧）制作，在庶民之间广为流通。

---

① 原文“涉团扇”，是一种涂上柿子汁液的扇子，较为耐用，适合日常生活使用。

② 原文“焜炉”，是轻便的家用小炉具。

③ 厘是日本货币单位，十厘为一钱。

④ 江户即东京，这里是指从德川时期的“江户”到明治维新以后的“东京”都是如此。

❹面桶

在女孩身旁装着炭的容器称为“面桶”，也看得到夹炭的火箸。面桶是将薄板弯曲而成的容器，也是庶民平时使用的日常器具。有时会当作便当盒盛饭，即使过着这种贫穷的生活，基本上还是会有面桶，甚至贫穷到沦为乞丐，也会携带面桶当作乞讨道具，常用程度可见一斑（图一、图二）。

图一　明治26年3月14日《东京朝日新闻》

图二　明治40年2月23日《都新闻》

❺衣纹竹

衣纹竹类似现代的衣架。在横梁绑上带子，然后将一根竹子挂起来使用。这张图可以看到两条疑似手巾的东西垂下来。除了有钱人之外，一般庶民家庭都会使用。

❻使用反古的墙壁维修

日本房屋的墙壁几乎全是土墙，需防止地震、长年使用造成的裂痕及崩塌。通常会从墙壁下方开始崩解，因此用纸来修补，这就叫作“腰张”。但是菊地家没有这种余裕，裂痕愈来愈大，于是到处都贴上“反古”来应急，以免房屋崩塌。

所谓“反古”，是指写错或不需要的纸（这里说的皆为和纸），因为和纸很强韧，因此在贫穷人家里，经常用来补墙土制品。若仔细看，可以发现连“七厘”也贴上了。

一部分的反古写了字，之所以被涂成全黑，或许是因为孩子们练习写字（书法）时重复使用的缘故吧。在贫穷的家庭，就算是一张书法练习的用纸也是很珍贵的。以下介绍的虽是幕末时期的故事，不过我们可借此看看练习写字的儿童，以及他们使用“练习帖”的插画吧。（图三、图四）

带着“练习帖”学习书法的男孩。他腰部系着像是包巾的东西，里头多半放入“御守”。到了明治时代，有些人会放入识别名牌。

图三　明治 21 年 5 月 5 日《大和新闻》

小孩身上穿着像是围兜与围巾合并、称为“油屋”的衣物。这个名称源自近世[①]卖油店的装扮。这是男孩子直到四五岁都会穿的衣物。(图四)

图四　明治 32 年 4 月 17 日《中央新闻》

贫穷家庭的文明开化迟迟不来

在菊地家到底有几个文明开化呢？答案是三个。首先是外出帮佣的源吉，他的发型是“散发头”。父亲似乎也不是丁髷头，所

① 日本的“近世”大约在十六世纪至江户时代末期。

以也算是吧。另一个则是源吉带回来的“纸钞”，外观是横向长方形，中间有个圆形，由此可猜测这应该是在明治十四年发行，由意大利人 Edoardo Chiossone 设计的一元纸钞。由于文章提及同年发生的火灾，因此这是纸钞发行不久后的故事，里头可以看到几张纸钞。虽然是源吉向主人预支的薪水，但对贫穷家庭而言是相当高额的纸钞。

如此看来，这篇故事想要传达：即使过着贫穷的生活，但只要正直地活着就会有好事发生。虽然“文明开化”的光逐渐照射进来，但仍然相当微弱。

文章还添加了父亲的身世。父亲一边说：“这对兄妹同心协力孝顺父母，实在是我的福气。”一边感动流泪。女儿见状后说：“阿爸，别再说了，小孩照顾父亲是天经地义的事。”这些地方让人有过于戏剧化之感，当时的报纸有很多这种贫穷与孝顺的文章，甚至后来还报道有人以“慈惠醵金”为名寄钱给报社，可见那个时代的一般庶民关心这些议题。

贫穷很普遍

不过，尽管社会上有很多贫穷家庭，但报社竟然找到这么多可以报道的事情。每个贫穷的故事，都不是当事人提供给报社的。虽然有名为“探访”、负责四处寻找社会事件的记者，但有时候是由当事人的邻居提供。例如同为《绘入朝野新闻》明治十六年十月的报道：“听到当事人悲况而感到同情的邻居，将详情告诉记者，记者忍着眼泪，以湿润的笔墨来详细记录。”由此可以窥见居住在长屋有着类似境遇的人们互相帮助的生活（图五）。

因为以“贫穷与病人”为题，所以在此介绍一幅《绘入朝野新闻》同年六月的插画（图六）。乍看之下很类似，但其实是不同的故事。之所以看起来一样，是因为《贫穷与病人》所列举的三张图片，（应该）都出自鲜斋永濯之手。另一个原因是，这些插画与其说是实际见闻，不如说即使未实际探访，但“一定是这个样子”，这是当时“贫穷与病人”的普遍状态吧。

图五　明治 16 年 10 月 24 日《绘入朝野新闻》

图六　明治 16 年 6 月 26 日《绘入朝野新闻》

演员图片的反击
8
6 腰张
5 疑似今户烧的火盆
煤油灯 4
3 汤碗的木箱
1 裁缝箱的盖子

贫穷中的余裕

明治十六年六月十四日《绘入朝野新闻》

《胡蝶之梦》第二回

虽然以“胡蝶之梦”为标题，但这是一篇真实的故事。故事始于明治四年一个经营当铺的家庭，除了父亲龟次郎、母亲阿爱、妹妹阿常之外，还雇用了四五位员工，一家人过着衣食无缺的生活。然而哥哥安次郎迷上了艺妓，不仅散尽家财，还到处借钱导致债台高筑，陷入无法周转的困境。终于，全家人在明治五年五月左右趁夜逃走，搬到浅草旅笼町的里长屋展开新生活。后来父亲龟次郎因烦恼着放荡的儿子而罹患精神疾病，最后卧病在床。至于哥哥安次郎，却仍毫无反省地继续寻花问柳，家也不回，只剩母亲和女儿两个女人无依无靠、茫然无措。这张插画便是故事发展至此的画面。

妹妹阿常正在用一块碎布缝东西，她的衣服肩膀处拼接了一块布，他们似乎逐渐适应了这种贫困的生活。

❶裁缝箱的盖子

❷针包

阿常膝前放置了一个裁缝箱，里头装着裁缝道具。乍看之下只有盖子没有箱子，但其实是很规矩地将箱子装在盖子里，可见阿常的生活习惯很好。从箱子右方的针包整齐地插着几根针，也可见一斑。

❸汤碗的木箱

❹煤油灯

阿常身旁的木箱贴着“十个汤碗”的纸条，应该是生活无虞时期的残留物吧。汤碗早就被卖掉，箱子似乎是空的，上面放着煤油灯。这是一件西式物品，相较于石油灯，因为没有灯罩，所以屋内更显得昏暗，甚至还不如灯笼亮呢。从没有灯笼这件事也可窥知他们生活的窘困。

Kantera 原本是荷兰语的“kandelaar”。容器是铜制或白铁制，在这个小容器里装入石油，以棉线为芯来点灯。享保四年（1719）新井白石写下了“灯架叫作 Kantera”这段文字。到了江户后期，人们开始使用植物油点灯。

因为在明治维新以前就已经开始使用了，所以维新之后在庶民之间有人认为它不是西式物品。明治十六年十一月八日《绘入自由新闻》介绍了一位浅草梳发店“讨厌西洋”的大叔。他“不会在家里放置任何西式物品，晚上也只用灯笼与 Kantera，从未读过报纸，坚决不断发。如果有断发的客人来，就会请他们到里面发表意见，被请到里头的客人甚至会被他那种‘不改回丁髷就揍你喔’的气势所震慑，然后仓皇逃跑”。这位大叔明明很讨厌西洋，在夜里却使用“灯笼和 Kantera”，这个 Kantera 可能在梳发师大叔出生前就有了吧。

如此一来，原先以为它是这幅画里唯一“文明开化”的物品，但结果只是证明了贫穷生活真的很难享受到文明开化。

❺疑似今户烧的火盆

贫穷也有不同的阶段，因为阿常家不久前才陷入穷困生活，所以还留有基本的道具。家里有稍大的火盆，上面放置疑似土瓶的器具。原以为是铁瓶，但如果是铁瓶的话，应该画成黑色，花纹则是白色才对。无论如何，在贫穷的生活中不可能有铁瓶。从他们以反古来修补火盆的裂痕来看，会不会是便宜的今户烧呢？

今户烧在浅草附近的今户窑场烧制，是庶民都买得起的素烧火盆、砂锅等日常器具。夏天使用的猪型防蚊容器，大都也是今户烧。请各位读者看看这个猪型防蚊器插画（图一）与广告（图二）吧。

图一　明治 22 年 6 月 29 日《江户新闻》

图二　明治 43 年 7 月 2 日《都新闻》

由此可知，猪型防蚊器是全黑的。猪在这个时期的所有插画里，毫无例外地都是黑色。这是今户烧当中一种名为“黑物”的类型，木造房舍屋顶使用的“黑瓦”也是同类物品。但我认为阿常家的黑火盆不是“黑物”，而是本书第119页的“黑灰泥”，各位读者的看法呢？

❻腰张

在上一章的极贫家庭[①]里没有看到腰张，但阿常家有。虽然是习字用纸，但整张纸未被涂黑，所以文字似乎可以辨识，却又好像不行，是因为被反贴的关系。由于文字都是平假名，所以一定是阿常幼时写的东西。即使贴正面也无妨，但可能因为是阿常小时候写的字，因此感到有点害羞吧。

那时候的纸张比今日珍贵，因为可以不断地重复抄纸再生，也有各式各样的用途，所以即使是宽裕的家庭也都会保留这些反古。无论如何，他们也许才刚搬进这间租屋，但看起来这间屋子原本就相当简陋。

❼对折式屏风

对折式屏风可以用来隔间，或防止“门缝吹进来的风”，是相当方便的家具。即使是描绘贫穷家庭的插画里也有屏风，可见它是日本房屋的必需品。

屏风后方可能是患病的父亲龟次郎躺卧在床，无论如何，这个屏风相当破烂，从全新的状态用到这种程度需要很长的时间。他们家没有幼童，也难以想象阿常家的人会这么粗鲁地使用。会

---

① 见《贫困与病人》。

不会是当作最基本的家具，和火盆等物品一起添购，而向二手店购买原本就很破烂的旧物呢？

即使贫穷也需要屏风，只要看前一章第98页的插画就可以知道。日本房屋的构造，很容易有“门缝吹进来的风”的困扰，更何况是破烂的屋子。在极贫或乡下的屋子里，甚至还有隙缝会吹进风的“菰屏风”①（图三）。比较起来，即使破烂，贴上纸张的屏风还是难能可贵的。

图三　明治29年3月8日《东京朝日新闻》

❽演员图片的反古

在这个破烂屏风上也贴了几张反古来掩饰破洞。写上文字的纸，有些是收据，有些是收到的信件等。斋藤绿雨②在《备忘簿》（明治三十年）里提到，朋友说：“在庭院里盖了一间房子，于是

① 菰屏风，以菰编织的屏风。

② 斋藤绿雨（1868—1904），本名斋藤贤。小说家、评论家。

前去拜访，结果看到腰张反古当中夹杂着‘さ’开头的我的信件，虽然想要将它撕下来，但没有办法，心里记挂着此事，经过了三年，刚好他整修房屋，所有的反古都被去除，我终于松了一口气。”

左下方古装如浮世绘般的图画，可能是阿常去看戏时买来当作纪念的演员图片。想必是她很喜欢的演员吧，用自己很珍惜的图画修补屏风，和现代人把喜欢的艺人海报贴在房间是一样的。屏风上还有一些破洞，应该再多贴一些才对，但穷人没时间，生活总是被补缀衣物等日常工作与家庭副业追赶着，很难有时间处理。尽管如此，再过些日子，以演员图片修补的地方还会增加，想必会更热闹吧。介绍一个贴了很多演员图片的例子吧（图四）。

虽然阿常家很贫穷，但阿常和母亲都还能工作，从阿常的表情可知他们家并非极贫。贫穷也有不同程度，只要有点余裕就想享受生活，这是人之常情。即使过得再贫穷，仍想抱着充实丰富的心情（精神）生活。这也是来自生活的智慧，由这些插画可见一斑。

图四　明治 19 年 7 月 23 日《绘入朝野新闻》

铭铭膳
❼
灶
❷
味噌
❻
擂体
❹
❸
手桶
❶
箱火盆

里长屋的玄关是厨房

明治二十四年二月六日《大和新闻》
《园之花》第十四回

站在路口的漂亮女孩是谁呢？她名叫园子，是艺妓学徒。右边那位是园子的亲生母亲，她在艺妓时期化名滨荻。因为特殊理由，园子隐瞒自己是她的亲生女儿，从十四岁直到最近，园子都和滨荻一同在此生活。当园子年满十六岁后，她一心想让母亲过得更舒适，于是未经滨荻同意，便擅自投身赤坂的艺妓屋。虽然年轻女孩将自己卖身艺妓屋这种事似乎有违常理，但园子原本就颇具姿色，多少也会一些才艺，而且无论是谁，都看得出她是个诚实坦率的人，饱经风霜的老板娘很中意她，很快便以二百圆的订金将她买下。

二百圆是笔巨款，老板娘连园子为什么当艺妓也没问，便爽快地支付这笔钱，应该是被园子的人格特质所吸引吧。于是，园子利用这笔钱将自己重新打扮一番，三天后以焕然一新的面貌回到母亲居住的长屋，而这个场面即是滨荻看到园子时大吃一惊的样子。园子尚未坦承自己是亲生女儿……故事的发展实在让人好奇，在此先不岔出话题，请大家看看滨荻家玄关的样子吧。

滨荻的房子有多大?

如标题所示，园子站立的地方是滨荻家的玄关，同时也是厨房的入口。从园子站立的土间①，到后方设灶（详见❷）处的那面墙为止，是房屋的宽度。通常这种长屋一户的宽度大约是一间半（约三公尺）到二间（约四公尺），但从这幅插画中看不出实际大小。

那么房屋的深度又是如何呢？一般来说，里长屋最狭窄的类型，客厅是四张半榻榻米。这种房型没有壁橱，一旦放置物品，就只剩下相当狭窄的空间了。然而滨荻和园子曾经一起住在这里，

---

① 土间是指日本传统家屋的泥地部分，位于室外与室内的交界处。

应该是稍微宽敞的房屋吧。

❶箱火盆

玄关附近有个放置土瓶的箱火盆。也许读者会想，怎么在这种地方呢？不过当邻居来访时，便可以让他坐在上框[①]，边喝茶边闲聊。乍看之下，往图片下方似乎还有一点空间，所以玄关至少有一间的宽度。总之，光线只在这个地方能够进来，所以这里就是白天的客厅，同时也是客厅的中心。

箱火盆扮演着主人与访客之间的桥梁。这叫作“指物”，是由木板拼凑而成的箱型火盆，大都使用坚硬的榉木板等制造。因为不大，所以方便携带。也因为这种大小，若在吵架时丢掷它，周围便都是灰神乐（一片灰茫茫的），就算没有那么夸张，也可以拿灰丢小偷，来影响他们的视线。

❷灶

灶是一种上方放置锅、釜，下方烧火烹煮的设备。也念作“かまど”（kamado），但东京落语的师父都称之为“へっつい”（hettsui）。原则上一户一座，但如果空间不够，或是经济上没有余裕，就会以“七厘”充当。

通常都是泥瓦匠以灰泥涂制。如果灰泥加上植物油油烟的“灰炭”，就变成黑灰泥，将它涂在白灰泥上并磨到发亮便大功告成了。而这个陈年的“灶”也许是黑灰泥掉了一些漆，所以露出底部的白色，它放在收纳薪柴的榉木台座，上头还放着一个有锅盖的锅子。如果像此图只是掉漆的话还好，若有缺角或裂缝，就

---

① 上框指日式住宅从门口往上进入室内时的横框。

必须请泥瓦匠或沿街叫卖的“修灶”师傅来维修。

落语节目的《灶幽灵》描述一位男子因为家里的“灶”有很多裂痕，他觉得危险，于是前往二手店买灶。也就是说，虽然它是安装型的设备，但可以移动搬运。这个落语的主要内容是：嗜赌成性的泥瓦匠，因赌博赢得了巨款（二百五十两），他花了五十两吃喝玩乐，然后将剩下的二百两埋在“灶”里，结果在玩乐时猝死而留下遗憾，因此成为幽灵不时出没。

明治二十年二月三日的《绘入自由新闻》刊登一篇类似的报道《从灶里挖出钱》，以下直接引用全文：

浅草小岛町的口木甚藏原本使用的灶太老旧了，于是添购一座新灶，并且拆除旧灶，结果从土中挖出五个十钱银币和三个二十钱银币，于是立刻送往管辖单位。据说，这个灶原本是甚藏在四、五年前向某家二手店以八十钱购买的物品。

能够把银币埋在灶里，这也是出自泥瓦匠之手吧。因为是银币，所以一定是明治时代。假设在明治十年前后进行此事，即使明治八年邮局的储蓄业务已开始，但一般民众还不习惯在邮局、银行等机关存款，所以考虑自宅里可当作金库的地方……如果你是泥瓦匠，“埋在灶里”一定是首选吧！

如果在贫穷的长屋里藏巨款？

在天花板或地板藏巨款，实在太普通了，在此不予讨论。那么在贫穷的长屋里，是否有可以取代金库的东西呢？看过这些插画之后，也许有些读者会觉得藏在“火盆”里是不错的选项。

确实曾有从火盆灰里挖出二朱金[①]的报道，但这不算是巨款。

---

① 朱金是江户时代流通的金币。

另外还有一篇报道，有人将私吞的六百五十圆纸钞埋在自家的火盆灰里，结果不小心把钱烧了。若要埋藏巨款，箱火盆太小了，而且很危险，因为小偷可能会偷走整个火盆。

穷人藏小钱的地方

仔细想想，穷人手边有多到不知道藏在哪里的巨款，这种机会微乎其微，所以或许无须担心这种事。那么小钱呢？的确，对穷人来说，即使是一枚二朱金也是巨款。若是如此，就算是一张纸钞也是巨款，特别是对单身的人来说。单身者通常不会藏在家里，而会直接随身携带。例如，明治二十一年十月二十七日《绘入朝野新闻》有篇《钱被死亡偷走》的文章，内容如下：

> 浅草三间町有位独身老婆婆，名叫前田阿花，今年五十二岁，她的个性相当谨慎，担心小偷会在自己外出时闯入，因此将财产藏在不会被察觉的地方。若放在榻榻米或火盆下方，发生火灾的话恐怕会被烧毁。经过百般考量后，她想到可以将它缝在足袋①里，因为贴身携带，不管到哪里都很放心，于是将自己很宝贝的二圆缝在一只足袋中，心想这么做就不会被人发现了。然而昨夜她到住家附近的澡堂尽情洗澡后，回家时发现缝有珍贵二圆的足袋不见了，只剩下另一只足袋，她不知所措，于是向管辖单位报案，真是太可怜了。

在《大辞林》查询“死金”一词，其说明如下：“一、只储存而不使用的金钱；二、浪费在无用之处的金钱；三、为后事储蓄的金钱。”根据这位阿花婆婆的情况，她似乎很符合这三个条件。

---

① 足袋，分趾鞋袜。

藏在足袋里是不错的点子，后来却弄巧成拙了。只从新闻报道来看，把纸钞缝进衣物的例子，多半是缝在衣领处。然而，这么做却很可能在澡堂里被偷走，看来有点小钱的人三不五时都要担心。

❸手桶

园子的脚边有个手桶，这还不是一转开水龙头就会有水的时代，因此早上起床后就要带着手桶到长屋的水井取水，通常由女性负责（图一），是每天的例行公事。这些水主要用来煮饭和饮用。

有些家庭在玄关放置大水瓶，但看来滨荻家只靠水桶来解决用水。最早是在明治二十年代，水桶开始取代手桶（图二），但要经过很长一段时间，才出现在里长屋。

图一　襷挂、围着围裙。到取水处时都会穿着屐齿较高的木屐。明治 21 年 4 月 5 日《绘入朝野新闻》

图二　搬家时使用手桶。这可能是报纸插画第一次出现手桶。因为是国松的作品，他可能想抢先画出最新的东西吧。男子的服装看起来也很摩登。明治 20 年 12 月 15 日《绘入朝野新闻》

❹擂钵

❺擂粉木

❻味噌滤网

图三 明治 17 年 10 月 16 日《东京绘入新闻》

报纸插画里常见的擂钵与擂粉木，好像是很常用的厨房器具（图三）。

在柳亭种彦（第二代）[①] 的《花之狭筵》（明治十八年）里描述“听到热热闹闹准备早餐的擂钵声”，那种“喳哩喳哩”“沟哩沟哩”的独特声音理所当然地传来，便是当时的日常生活吧。

然而，一大早到底在磨什么呢？其中一个答案，可能是制作“自家味噌”的声音。当时的味噌往往夹杂着豆子的颗粒，煮汤之前必须用擂钵磨碎颗粒，再以“味噌滤网”过滤后才能使用。也就是说，没有擂钵、擂粉木、味噌滤网这三种器具的话，就无法在早餐时喝到味噌汤。

擂钵与擂粉木的其他用途

擂钵与擂粉木除了当作厨房用具之外，还有其他的用途，而且经常出现在报纸的社会版上。

---

① 柳亭种彦（1838—1885），小说家，又名高畠蓝泉。

图四　在灶前生火时，为了加强火力，用竹管“噗噗”吹气。
明治 14 年 2 月 10 日《有喜世新闻》

明治八年二月十五日的《读卖新闻》有一则报道，内容如下：“北岛町二丁目一番地二手店的重吉，本月三日不知为何与妻子发生口角，两人互不相让，结果擂粉木长出翅膀飞了起来。擂钵没有双脚却也跑了起来，打断障子木框，也打破唐纸，为了让两人休战和好，五金行的某人跳了进来，正要将两人拉开时……”

擂钵和擂粉木像是描述“夫妻争吵”时的惯用词，甚至还以“擂钵擂粉木大拼斗”为题（即使事实上没有使用），报道长屋里经常发生的夫妻争吵。然而丢掷擂钵很可能损坏它，因此争吵时通常只会使用擂粉木。另外，不是争吵的场合也会出现，例如：一大早侵入的强盗，被手里拿着生火竹管（图四）或擂粉木的太太追赶着。

擂钵的去向

即使没有在夫妻争吵时用擂钵来丢掷对方，但毕竟是陶瓷器具，很容易产生缺角和裂痕，这时候该如何处理呢？我以为会将它修复后继续使用，但在报纸上却没有看过这种记载。倒是松原岩五郎的《最黑暗的东京》（明治二十六年）里写道：“缺角的擂钵仍继续用来当作火盆。”看来这种例子是常见的，小山内薰的《蝶》（明治四十二年）也曾提及：“擂钵里装入灰，火烧得很旺盛。”这是一种生活智慧，除此之外，生活上一定还有其他例子。

以下所述虽然不是明治时代的事，但也有把缺角的擂钵当作盆栽的例子。在泉镜花[①]的《深川浅景》（昭和二年）里有一段文字：“不好意思，看来有松叶牡丹种植在缺角擂钵中，也有波斯菊种植在蜜柑箱里呢！”我认为当时应该到处可见这种把擂钵当作另类“风流”的“富饶的贫穷”。

❼铭铭膳

❽饭桶

放在壁柜里倒置于擂钵左方的是铭铭膳[②]。在卓袱台普及之前，会在铭铭膳上面摆放一人份的餐具，真的是铭铭[③]用餐（图五）。不然就是放在托盘上。

图五　明治 28 年 12 月 20 日《都新闻》

这张插画里的铭铭膳放在壁柜里不易取出的位置，很可能是园子专用，因为她外出两三天，所以收纳于此，滨荻的铭铭膳则可能放在右方饭桶的右边。

① 泉镜花（1873—1939），小说家。

② 铭铭膳是一种矮脚餐桌。

③ “铭铭”即“各自”的意思。

【砧板一定放在某处】

这个壁柜和底下“插菜刀的菜刀架”，可能是因为滨荻很漂亮，所以住在长屋（其实不一定）的木匠说：“滨荻小姐，交给我吧。”于是帮忙安装。既然菜刀架装在这里，砧板应该放在附近。暂且推测是在灶与墙壁之间吧。

❾灯笼

到了晚上，灯笼盘上放入植物油，以浸泡的芯点火。灯笼的纸上有不少破洞，但它的光线比煤油灯还柔和。虽然到了明治二十年代，稍微贫穷的家庭也开始使用石油灯，但有些人可能还未适应，不想改变原本的生活习惯吧。

长屋的门禁

主要街道通常是一整排店家。如果长屋位于街道的巷子，便会有个木造门面向街道。换言之，它相当于整个长屋的大门。

此处长屋的木造门有门禁，到了一定的时间，房东就会将门关上。上图写着“十一点关门”的木造门，前方是主要街道，右方是烟草店，戴圆笠扛箱子的是贩卖报纸的人。下图写有“午后十点关门”的木造门，紧邻着店家仓库，是长屋主人的仓库吧。当时道路几乎还未铺好，洒水车正在仓库前的路面上洒水。

明治 22 年 4 月 7 日《绘入朝野新闻》

明治 19 年 9 月 15 日《绘入朝野新闻》

手枪
❸
围巾
❺
猎帽
❹
❶
箱枕

哇，手枪耶！

明治二十三年三月二日《大和新闻》

《财库门房》第二十三回

❷ 煤油灯旁边的火柴盒

这张插画乍看像是三名强盗以手枪威胁穷人，但其实有着复杂的经纬。这三个人是主张“财产平均论”的人，主谋是手上拿着枪，名叫锦织的男人。话说回来，他们穿着西服，亮出手枪，没有脱鞋就冲进来恫吓丁髷男，不禁让人联想起西方强行入侵保守的日本。

事实上，这位丁髷男名叫仙吾，是本所①一位行径恶劣的高利贷业者植垣芝右卫门的门房，这个场景描述三人先恫吓仙吾，然后闯入植垣的住家，准备抢钱作为他们行动的资金。

❶箱枕

因为这人还绑着保守的丁髷，理所当然会使用箱枕。床垫上没有铺床单，也许当时的人认为睡衣可以取代床单来吸汗，至少在明治三十年以前，日工房屋内几乎不见床单。

这个“箱枕”的台座是木造箱，有些底部是平的，有些是船形的，而在这张插画上的就是船形。箱子上套上小枕，里面有荞麦壳、稻壳，或塞入粗劣的茶叶。通常用两张白纸包住小枕，中间用一种拿来绑丁髷、称为“元结”的带子固定住。因为在固定丁髷时会涂上发油，这么做是避免枕头沾到发油。

箱子的材质以桐木和榉木居多，因为榉木很硬，所以有时候会用来打别人的头，或是砸人（参照64页）。

在此介绍一个有趣的例子。根据明治十七年五月一日《绘入自由新闻》的记载，牛込②一带某位华族的宅邸来了一名女佣，当天主人趁夜偷袭，结果勾到女佣房间的门槛，家里的马夫听到有人跌倒的声音，于是摸黑丢掷枕头，不偏不倚地正中主人眉间，

---

① 本所是东京地名。

② 牛込是东京地名。

他昏了过去……

❷煤油灯旁边的火柴盒

枕边有煤油灯，旁边放着火柴盒。即使他执意不肯剪去丁髷，但火柴便宜又方便，他应该会觉得用一下也无妨吧。例如对江户人而言①，使用打火石点燃烟管烟草实在太麻烦了，尤其是重度烟瘾者会想尽快将火点燃。既然如此，那还是火柴最好啦！

火柴的写法有“折付木”或“早付木”。明治六年十二月的《新闻杂志》第一百八十四号里记载：“四五天前的夜里，在柳桥的某间旅馆，有位日本桥的商人找了一名叫小熊的艺妓，正在饮酒作乐时，商人将灯火熄灭，不久后从怀里拿出‘火柴’准备点火，结果艺妓误以为是鬼怪，‘啊’的一声昏倒了。后来吃药、找医生并经过一番照料后终于苏醒，这是一桩岁暮的可笑奇谭。”这篇文章还特别使用引号来强调火柴。

根据明治八年一月二十六日《读卖新闻》的记载：“西洋的折付木便利又便宜，最近家家户户都在使用，原本全是舶来品，最近横滨弁天通的商人取得官方许可，在横滨平沼村设置折付木制造所，生产机械也从美国运抵，近期应该会启动吧！”令人意外地，一般民众很早便开始使用火柴了。可以推测贫穷

① 一般认为江户人较为性急。

家庭最先使用的西洋物品就是火柴吧。

制作火柴盒的家庭副业

樋口一叶的《浊江》（明治二十八年）里出现了这句话：“令人悲伤的是一个女人仅凭制作火柴盒的副业实在难以糊口”。

时间再往前一点，二叶亭四迷①的《新编浮云》（明治二十至二十二年）里有这样的文字：“有一餐没一餐的当地人一边制作折附木的盒子。”

在更早期河竹默阿弥的《水天宫利生深川》（明治十八年）也有这样的内容：

“不管做什么事，四个人都难以维生，新燧社的火柴盒工作薪资很低，做肥皂也赚不了钱。”正如同这些引文所显示的，穷人的家庭副业首选是制作火柴盒。

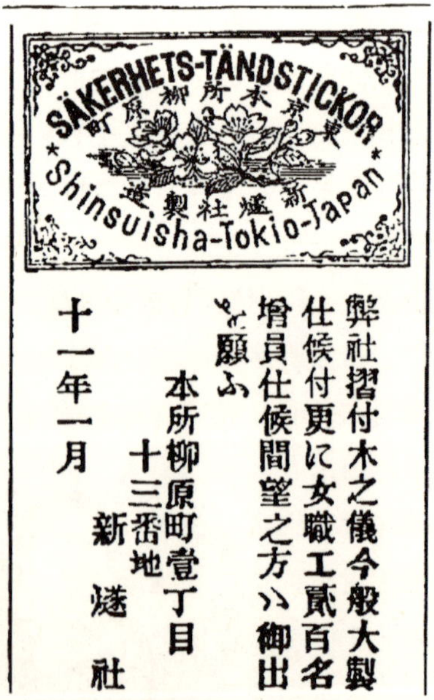

图一　“新燧社”的求才广告，设计很像火柴标签。明治 11 年 1 月 18 日

这些都是小说，至于新闻报道，明治九年九月二十九日的《东京绘入新闻》有这样一段记载：“中桥座的接待员北林伊之助家住大锯町，他的妻子阿梅（三十二岁）以前待过吉

① 二叶亭四迷（1864—1909），小说家、翻译家。

原[1]一家名为佐野立花的店，曾过着光鲜亮丽的生活，如今完全是主妇的样子了。她在戏剧休演时让丈夫游玩，自己则制作早付木盒、纸袋等独立赚钱，过去明明是一名娼妓呢！”这段记载是家庭副业的火柴盒首次出现在报纸上的例子。

顺带一提，明治九年“新燧社”率先在东京本所柳原町制作火柴。明治十年一月七日《东京绘入新闻》的广告提到：“女员工，一月增加百人，二月又增雇百人。”由此可知火柴制造量不断地增加。不仅如此，隔年还刊登增雇二百名员工的求才广告（图一）。

然而，根据明治十四年的《有喜世新闻》，新燧社制作火柴盒的家庭副业一天只能赚取七钱到八钱。当时一合[2]牛奶是四钱，一般散发修剪则是大人七钱、儿童六钱，浅草料理屋“冈田”的上等茶碗蒸六钱三厘、蒲烧鱼四钱至五钱、豆腐羹八厘。

【制作火柴盒的家庭副业的插画】

图二应该是国松的画。当时国松在《有喜世新闻》发表作品。插画的内容是六人家庭，左方放了好几片制盒材料的薄木片。

图二　明治 14 年 1 月 23 日《有喜世新闻》

① 吉原是江户时代东京著名的花街。

② 一合约为一百八十毫升。

图三应该是松本洗耳的画，内容设定和上一张图相同。他的画风比较写实，将大妈画得惟妙惟肖，怎么看都是长屋大妈的样子。

图三　明治 30 年 7 月 23 日《都新闻》

❸手枪

幕末时代坂本龙马携带手枪一事广为人知，但并非所有的人都能轻易持有手枪。到了明治时代也是如此，不过在社会尚未稳定的时期，时常发生用来路不明的手枪行恶的事件。

明治九年二月七日的《东京曙新闻》记载如下：“昨日午前三点三十分左右，蛎壳町的兑换所横井幸助家，有小偷带着剑和手枪闯入，抢走了相当于八圆的文久钱，并射伤横井家的员工矶次郎后逃跑。小偷的手法愈来愈粗暴了。”

这就是所谓的“手枪强盗”，其中最著名的是“手枪强盗清水定吉”。他从明治十五年开始到明治十九年十二月三日被逮捕前，共犯案八十件（另一说为五十五件），并杀害五人（另一说为三人）。这些事件以“侦探实话清水定吉”为题，在《都新闻》上连载了六十九回，相当受欢迎。根据第三十四回的插画（图四），连被袭击的当铺主人也携带手枪防身，于是出现手枪与手枪对决的画面。

图四　明治 26 年 5 月 23 日《都新闻》

这出令人感到刺激的格斗剧后来改编成日本第一部剧情片，于明治三十二年在赤坂演伎座上映。

❹猎帽

❺围巾

以强盗来说，这个男人的服装很时髦，头上戴着猎帽。根据藤泽卫彦《明治风俗史》（昭和四年）所言，明治二十五年左右猎帽非常流行，所以这张插画的时间应该更早一些。虽然他主张“财产平均论”，但对于流行似乎相当敏锐，肯花钱在时尚的事物上。

当时的围巾称为“首卷”，也是对西方狂热的人才会有的打扮。明治十九年四月二十一日《时事新报》的投书栏出现了这样的看法：“书生戴着首卷一副意气风发的样子（中略）真让人感叹。”这位投书者批评，若是感冒就算了，但没事却做这种毫无生气、碍手碍脚的打扮，真是不像话。不过约莫在这个时期，不只是西服，就连和服也开始流行披上围巾。

画工是水野年方

无论如何，强盗打扮得这么显眼也未免太奇怪了吧。其实小说里设定三个人戴着面具掩盖容貌。

然而，画工却不理会这个设定，而选择了最新流行的服装。此图的画工是当时二十四岁的水野年方。据说这部小说的作家条野采菊①，是个很啰唆的人，一再要求年方重画。

采菊对围棋的喜爱更胜小说，很可能是因为过于专注下围棋，而导致连载经常延迟，所以年方只听了概要就绘制这张插画了。事实上，这张插画发表于第二十三回，但在小说中该段落却出现在第二十五回，也就是文章比插画慢了两回。小说的原稿可能是后来才完成的，所以才会发生这种图文对不上的情形。我个人认为这张插画是很有趣的作品，但不难想象年方一定会遭责骂。

年方以四十三岁英年早逝。

---

① 条野采菊（1832—1902），作家、新闻工作者。

明治时代的手枪

根据《明治事物的起源》的记载：“光听传闻就让百万东京居民不寒而栗的手枪强盗，在明治时代是最凶残的恶徒。他将手枪当作唯一的凶器，闯入五十五个处所，抢夺高达一千七百八十圆的金钱，造成三人死亡，七人受伤，他谎称自己是住在本所区松坂町二丁目的推拿师太田清光，但其实真名是清水定吉（四十五岁九个月）。明治二十年十二月三日的夜晚，巡查小川佗吉郎在横山町英勇地与他格斗并将其逮捕。”

《近代事物起源事典》里提到：“明治元年起，一年内进口到日本的手枪共有一万五千支。”所以某人从某处得到手枪也不是奇怪的事吧。在东京，只要在“金丸枪炮店”“日本枪炮店”“小仓枪炮店”等枪炮店取得许可便能购买。

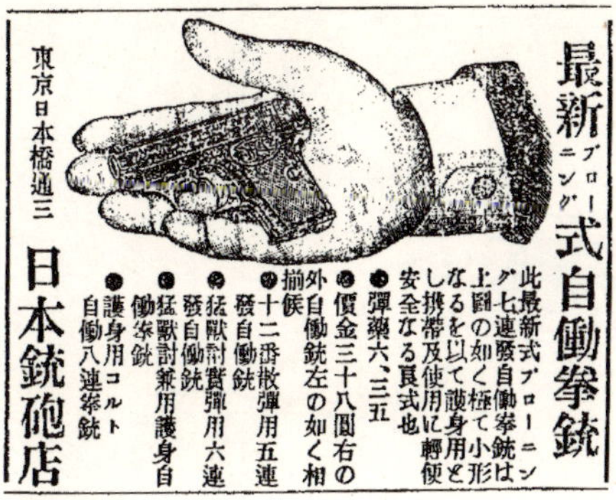

明治 41 年 1 月 3 日

《东京朝日新闻》

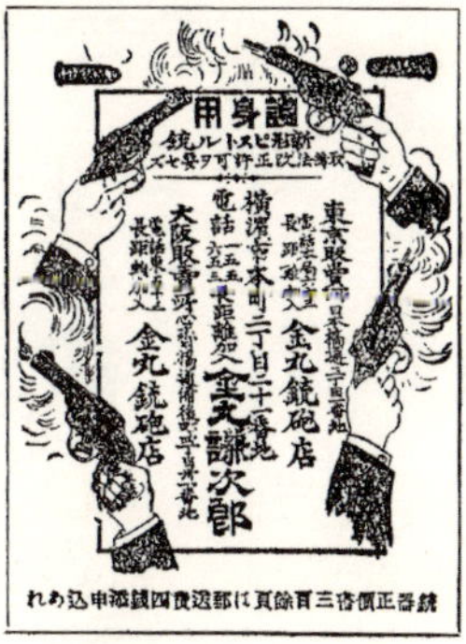

明治 33 年 5 月 19 日

《都新闻》

报纸的腰张
❺
墨水瓶
❷
❶
掉落的土瓶之口

身穿衬衫的书生

明治二十四年五月十三日《大和新闻》

《配所之月》第三十回

进入明治二十年代，插画里经常出现书生的房间。那是一个西学的时代，此时被称为书生的人，若不是在明治时代出生，便是懂事后已经受到文明开化之光洗礼的一代。既然是在这种时代立志学习西学，身边配置许多“洋物”便是很自然的事了。

在明治十年东京开成学校和东京医学校合并成“东京大学”之前，许多胸怀大志的青年便来到东京。他们大部分都依靠同乡前辈，或寄宿在亲戚家，一边当门房一边努力学习。

❶掉落的土瓶之口

那么，这张插画的主角义雄又是什么情况呢？他所尊敬的父亲和祖父关系不好，当他对此深感遗憾之际，祖父却对他说：“你要保护这个家。”于是他决定独立而离家出走，此时已安顿于神田锦町的租屋处，并在学校就读。然而经过了一段时间，适逢月底，

图一　明治 12 年 11 月 6 日《读卖新闻》

他无法支付学费、买挂（不是付现，是约定了某个日期付清而事先购买）的书籍费用及房租，只好卖掉怀表来付清费用，最后剩下五圆三十钱……那么，他接下来该怎么办呢？

仔细看，连土瓶的口都缺角而掉落在地，他把饭桶当作书桌，默默地翻阅西书。不过话说回来，辞典在哪里呢？堆在身旁的西书中是否有一本辞典呢？总之它就在附近吧，这张插画如实地表现了苦学生的生活。

❷墨水瓶

系着带子的小物品是墨水瓶，当时的书生都携带它上学。

❸石油灯

❹火柴

他身边放置了将炭火埋在灰里的今户烧方形火盆，火柴掉落在一旁。背后有一条毛毯，但他没有盖在身上，看来似乎没那么寒冷。

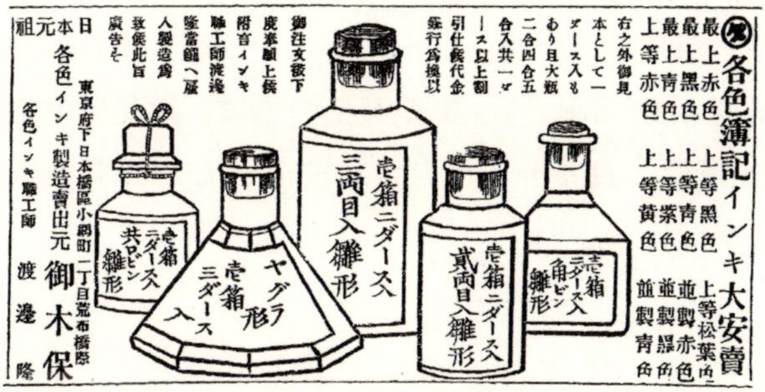

图二　明治 18 年 9 月 16 日《读卖新闻》

天花板垂挂着吊灯，还下了一些功夫，用纸来制作灯罩，使光线柔和，避免眼睛疲劳。这盏石油灯便是文明开化之光的象征，在明治五年才出现国产品，而直到明治六年左右之后，路灯开始排列街头，庶民才有更多机会接触。

第一个瓦斯灯出现于明治五年的横滨，根据石井研堂的《明治事物的起源》，明治五年十一月的《邮便报知》第二十六号冈山通信里如此叙述："连夜设置瓦斯灯，已经完成十二支。"石井说明："这不是真正的瓦斯灯，而是石油灯，当时的路灯都称为瓦斯灯。"牵引瓦斯需要相当的设备，因此在瓦斯灯广为普及之前，一般使用较轻便的石油灯当作路灯，大概是这个意思吧。

另外，在明治二十年代以后，石油灯取代了灯笼作为室内灯，所以在这张插画的时代，石油灯已经相当普及了。

❺报纸的腰张

快要颓圮的墙壁上贴着旧报纸反古的腰张[1]。不知道是出自这位书生还是前住户之手？无论如何，把报纸当作腰张是很新奇的，可见购读报纸变得很普遍了。

另外，翻阅刊登于明治二十一年四月《绘入朝野新闻》上旧报纸腰张的插画（图三），也是书生的租屋，因此可以推测义雄房间的旧报纸，就算不是他自己，也很可能是习惯读报的书生贴的。

---

① 腰张在《贫穷与病人》一章有详细介绍。

图三 不知他们在看什么？明治 21 年 4 月 29 日《绘入朝野新闻》

❻和服里的衬衫

书生散发是很理所当然的，不过在他的和服底下是衬衫。片山淳之介（福泽谕吉）的《西洋衣食住》（庆应三年）中提到了“シヨルツ”（shorutsu），据说这是日本首次介绍衬衫。

其后，到了明治三年，在日本桥长谷川兵左卫门的店家已经开始制作衬衫。明治六年左右，芝[①]的野村辰二郎开始制作现在的西装衬衫，而在都市也逐渐出现散发且身穿西服的商人，他们都很理所当然地在外衣下穿着衬衫吧。和服搭配帽子和鞋子在很早以前就开始了，所以这个时期当然会有内穿衬衫外披和服的打扮。

从报纸来观察，明治八年十月的《东京平假名绘入新闻》中

① 芝是东京地名。

有一张插画，看似和服里穿着衬衫（图四），其实这是横滨的人足（相当于今日从事土木工程、搬运货物作业等劳力工作的人），他在河边发现溺毙的山猪。连丁髷的男人都穿着衬衫，可见这种和洋混搭的服装一定很常见。

图四　明治 8 年 10 月 12 日《东京平假名绘入新闻》

针织衬衫与木棉衬衫

幕末武士家庭的副业之一是制作针织——meriyasu（メリヤス，原为西班牙和葡萄牙语的袜子）的袜子与衬衫。针织衬衫的布料是编织的，所以亲肤舒适，只要穿在和服下，就算寒风灌进袖子里也不用担心，因此作为防寒衣物而备受重视。

进入明治时代以后，随着西服的普及，针织衬衫在都市被广为使用。到了明治八年左右，除了手工编织之外，开始以机器制造，另外也制作了金巾（原为葡萄牙语，以细线平织的棉布）制的衬衫。

从图五的报纸插画可知，很早就有生活贫困的庶民穿上针织衬衫，可见价格算是亲民的，也可能在二手衣店就可以买得到。

图五 明治 11 年 4 月 9 日《东京绘入新闻》

【西装衬衫】

插画中书生义雄身上的衬衫，与其说是内衣，不如说更像是西装衬衫。这或许只是画工水野年方的描绘方式所致，但实际上义雄老家并不贫穷，而且他都拥有怀表了，所以这件衬衫的价位是不是也较高呢？

根据《内衣流行史》所述：“在东京，明治十三年（1880）手工针织衬衫搭配裤子开始普及，另外还出现了将西装衬衫穿在和服里的习惯。当时西装衬衫的领子是可以活动的，不像现在的固定式衣领。所以这件西装衬衫是取下衣领，然后穿在和服内。这是明治时代书生常见的穿着，主要的布料是木棉，但也有针织。”

女性也很早就穿着衬衫

不只男性穿着衬衫，请看看明治十年五月《东京绘入新闻》（图六）。

图六　明治 10 年 5 月 24 日《东京绘入新闻》

《贞妇的绘入美谈》一文有以下的内容：“日本桥榑正町的山田喜代（三十七岁），为了生病的丈夫与十三岁的女儿，每天都三更半夜起床，然后到日本桥附近的市场徘徊，捡拾被丢弃的稻草屑、旧草鞋等，并将它们带回家。为家人准备好早餐之后，又马上出门购买家用品及廉价点心，然后赶紧回家将捡来的稻草等物剪碎后卖给泥瓦匠。在做这些工作的期间，只要有人请她跑腿寄信，她总是一口答应并立刻前往，无论是洗衣或做其他工作，她都会承接下来，每天晚上都工作到一点左右，用这些赚来的钱打理柴米油盐和丈夫的医药费。不仅如此，虽然自己一身褴褛，但因为丈夫喜爱喝酒，每天一定会让他喝上一合……”故事还有后续，但重点是，画工以衬衫表现她一身“褴褛”。也就是说，不输男子的劳动女性，可能会把这种“衬衫”当作劳动服来穿吧。

年轻女性对时尚的坚持

喜代小姐的衬衫是劳动服，但在这里又不同了。根据《明治事物的起源》的描述："明治十一年春天，年轻女子流行穿着衬衫，如同年一月芳年所画的锦绘（我想去西方）（图七）中的年轻女性，以陶制纽扣固定红色衬衫的袖口，想必是实际情形。到了明治三十年左右，在乡下仍会让女童穿着这种纽扣固定的衬衫。"

图七　大苏芳年"见立多以尽，我想去西方"。

西书放在身旁，和书生义雄一样，女性对西方的憧憬与男性相同。红黑相间的法兰绒格子衬衫，紫色绞染半襟的襦袢[①]，其上穿着蓝底绣有小花的和服，再套上茶褐色的条纹铺棉外衣。无论在什么时代，年轻女性对于新时尚的坚持始终不变。

印花布铺在餐桌上，有种异国情调。画工大苏芳年领先时代描绘出这些场景，真不愧是大师。

【纽扣】

前面介绍的衬衫都有纽扣——［"botan"（ボタン）］，这个词汇原本是葡萄牙语，其实"金巾""襦袢"等也都是葡萄牙语。以"衬衫""针织"为首的西服相关词汇，明治维新之前的日本人已相当熟悉了。

① 襦袢，穿着和服时外衣与内衣之间的中衣。"半襟"则为襦袢的领口。

书桌上的孔雀羽毛

书生桌上的笔筒经常插着孔雀羽毛，我原以为尖端是笔尖，但似乎并非如此。根据小学馆《日本国语大辞典》所载："雄孔雀美丽的尾羽，虽说是用来驱蝇，但实际上是房间的装饰品，或插在笔筒里当作书桌上的装饰，特别是江户时代的戏作者、书生等，他们经常将它作为书桌上的装饰品，自以为是学者。"在报纸插画的历史故事中，武士及明治时代书生、女学生书桌上的笔筒里也经常出现孔雀羽毛。

明治 20 年 1 月 18 日《大和新闻》

明治 29 年 12 月 23 日《都新闻》

围巾与手帕

明治二十二年二月二十三日《绘入朝野新闻》

《新编祝贺之日》第五回

神田今川小路某户人家新盖的屋舍，在离表长屋（面向马路，不同于巷弄里的里长屋）稍远的地方。这里住着一位名为石野纹太郎的书生，也就是下一页图片中右方的男子。而隔着箱形火盆，左方套着羽织的那位男子，是同姓的石野武太郎，他前来拜访纹太郎。

话说回来，因为这间房子是新建的，所以墙壁的腰张很新，不是反古的腰张，是使用什么纸呢？通常是鸟子①、美浓纸。

❶围巾

墙壁上的帽子挂架挂着帽子与围巾，应该都是羽织男的吧。他明明是客人，却挂得很随意。

围巾说明这是个寒冷的季节。虽然没有坐垫，但铺着毛毯，观察纹太郎和服的袖口，似乎穿着多层衣物。再仔细看身穿羽织的武太郎的脖子，好像穿着御寒的衬衫。

---

① 鸟子，一种和纸，以瑞香科的雁皮制成，表面光润，因颜色近似鸟卵而得名，纸质坚韧耐用。

❶围巾
❷手帕

（Mafura）マフラ｜——围巾这个词汇来自有包覆和覆盖之意的“muffle”，是维新以后才开始被庶民使用的外来语。

根据《明治语典》的记载：“英语 Muffler 是用绢帛等制作的围巾和披肩，不过大都指围巾。明治四十年代，围巾以男性用品居多，流行的颜色是蓝色。时髦男子则会围上白色围巾。”另外，根据《舶来事物的命名》所述：“江户时代，男性会在天寒时围上围巾。”但从这张插画无法判断围巾的材质，若是一般庶民，则很可能是手巾，而且和服的衣领处是开放的，所以无论任何布料都可以当作围巾吧。

围巾的种类与使用方法

明治六年《新闻杂志》第八十一号中写道：“出现了狐和兔毛皮围巾。”由此可见，生活较有余裕的人已经开始使用动物毛皮围巾了。

根据《舶来事物的命名》所载：“大约在明治五六年，无论是散发者或结发者，有些人开始把围巾对折后将尖端塞入对折处。”在报纸插画也经常可见（图一至图三）。据说在这时期从国外进口的白色围巾非常盛行。

在围巾大为盛行的时期，有个记载于明治十年十二月十九日《东京绘入新闻》的特殊例子。其内容如下：

住在浅草马道町一丁目的田中吉右卫门，早上七点起床，他心想睡过头了，接着打开南边的防雨门板，结果户外一位约二十四五岁，穿着黑色和服并以白色围巾包住脸的男子，手里拿着小刀，突然爬上檐廊，以很老套的台词威胁道：“快把钱拿出来，若出声就会没命喔！”当时已经天亮，大家都起床了，因此吉右卫门有恃无恐地大声呼喊：“小偷！小偷！”邻居们大吃一惊，生火的女佣、正要磨味噌的大妈都拿着生火用的竹管、磨粉棒冲出来，小偷便仓皇而逃。从这个故事可以知道，在当时白色围巾已经不那么稀奇了。

报纸版面上也常出现将围巾当作面具的强盗新闻。以前常用“手巾”或“头巾”遮脸，可见围巾也在强盗世界的文明开化上扮演了重要角色呢。

图一　将尖端塞入对折处的围法。明治 12 年 7 月 2 日《东京绘入新闻》

图二　直接塞入胸口的围法。明治 13 年 1 月 28 日《东京绘入新闻》

图三　将尖端塞入对折处的围法。明治 14 年 7 月 16 日《东京绘入新闻》

用来当作披肩的围巾

在《舶来事物的命名》也有以下的描述：“明治十二三年流行将格子花纹的四角形流苏毛织布折成三角形的披肩。最初为男性专用，后来布料加大，流苏也加长，因此成为女性专用了。”女性专用的围巾称为“shawl”，请见报纸插画。

图四的男子头戴“水獭帽”。在日本，人们也在北海道的外海鄂霍次克海捕猎水獭，并以其毛皮制作御寒产品，如帽子、围

巾、防寒衣的领子等。但听说在明治六年前后，有百分之八九十的水獭帽是仿冒品。

男性的 shawl

另有一张男子的插画（图五），可能出自同一位画工之手，模样与前图十分神似。故事内容完全不同，但两位都被描绘成“玩弄女性的欺诈师”。与其说是披肩，在这里应该称为 shawl 较为妥当，无论如何，当时这种形象就是“装模作样”，一般人都认为女性会被这种男人欺骗吧。还有一张欺诈老千的插画，也请各位看看。这位男子特地到乡下行骗（图六），他嘴里叼根烟，手拿蝙蝠伞，西装上套着的有点像是“防雨斗篷”，但实际上应该是“披风”吧。kappa（かっぱ）——防雨斗篷原本也是葡萄牙语，这位欺诈老千不可能穿上这种带有老旧形象的衣物。可以猜测，这件为了骗人的“虚张声势的装扮”，很可能是在东京的二手衣店购买的披风吧。图七是明治以后一名旅人穿着防雨斗篷的模样，请各位对照它们的差异。

图四　明治 14 年 1 月 26 日
《东京绘入新闻》

图五　明治 15 年 1 月 25 日
《东京绘入新闻》

图六　明治 10 年 12 月 25 日
《东京绘入新闻》

图七　明治 12 年 7 月 13 日
《东京绘入新闻》

如此看来，明治以后有很多日本男性将不同的东西围在脖子上当作服饰的一部分。基本上是出于御寒，或是雨天时的雨衣等实用考量，但在“流行白色围巾”的时期，似乎开始意识到脖子周围也想要一点装扮。

另外，各位可以发现在我剪裁的图片中，这些人的模样都很相似，那是因为歌舞伎等戏剧的固定模式也被纳入插画的世界里，其中以《东京绘入新闻》受到的影响最为显著。

❷手帕（将手帕围在脖子上）

比起围巾，我更好奇书生纹太郎围在脖子上的布。我猜测是为了预防感冒，它看起来显然是手帕，不像手巾。明治十九年十一月《绘入朝野新闻》的插画中有类似的画面（图八）。这位转头看着后方的主人公书生，我们可以看到他和服下的衬衫，腋下夹着细拐杖，当时的书生流行携带拐杖。无论男女，像这样将手帕卷在脖子上的装扮，似乎在当时的年轻世代中很流行。不过在报纸上只见批判的言论，在此挑选四个例子。

图八　明治 19 年 11 月 5 日《绘入朝野新闻》

▲明治二十年二月二十日《东京绘入新闻》的文章

“我国最近出现了一种奇异的样貌”，我原先理所当然地以为是指书生，但实际上却是女校的女教师，文章对此加以贬斥：“把手帕当作围巾使用，这些女人全都罹患咽喉炎了。”

▲明治三十二年二月三日《读卖新闻》的投书栏

今年过年，从商人阶层到官员夫人，脖子上都围着手帕，真是装模作样啊。

▲明治三十三年十二月十八日《读卖新闻》的投书栏

明明是寒冷的天气，艺妓和茶店女子却都露出很宽的衣领并向后倾斜，这样已经够难看了，不仅如此，还将白色手帕围在脖子上，真是让人摸不着头绪的打扮。

图九　将手帕围在脖子上的少女，头上插着流行的花簪，手腕上挂着披肩，是双重的防御，也兼具时尚功能吧。明治 21 年 2 月 25 日《绘入朝野新闻》

图十　原本武士会穿的家徽和服并将手帕团在脖子上，很难说它是时髦。可能只不过是喜欢新颖吧。明治 22 年 2 月 17 日《绘入朝野新闻》

▲明治三十四年三月八日《中央新闻》的投书栏

最近流行将手帕围在脖子上，就连庄重的绅士之间也是如此，我认识的西方人都将此当作笑柄。

他们该不会在意被西方人取笑吧？（或许真是如此），其后报纸插画与文章再也没出现“脖子上的手帕”了。

图十一 铭酒屋[①]的女人，左边的两名男子是来玩的书生。明治31年3月20日

① 伪装为居酒屋的卖春场所。

咬手帕！

明治二十年六月十一日《绘入朝野新闻》

《朝浅墙金露玉振》中卷中幕续篇

报纸插画总是很戏剧化，可以这么说，初期的报纸插画将读者当作“看戏的观众”，而《朝浅墙金露玉振》的连载最符合这个现象。事实上，这篇与其说是小说，不如说是戏剧的剧本。插画的设定并不是现实生活的场景，而是演员在舞台上演戏。换言之，背景与周边的物品都是戏院的大、小道具。

若是如此，读者也可以了解这个富戏剧性的画面了吧。但诚如先前所说，作家撰写的文章与画工描绘的插画，经常呈现迥然不同的世界。

这位男子名叫利兵卫，如图所示，他是一位富豪。他的夫人名叫政子，有位贴身的“侍女”。政子因为一些烦恼，把自己关在房间里沉思。侍女走进来对她说：

“老爷担心您从昨天开始就心情不好地关在房间里，所以他说待会过来。”

“什么？他要过来？这只是我的老毛病而已，也没什么特别的烦恼，用不着劳驾他，我过去就好。”政子说完便拉开纸门走了出去，此时政子的服装是“利兵卫喜爱的衣裳”，也就是这张插画上的洋装。

❶巴斯尔风格的洋装 ❷手帕

这是所谓的“巴斯尔风格”，是鹿鸣馆的妇人会穿着的衣裳。在这种衣裳里一定会戴上固定身体的束腹，通常无法一个人完成穿戴，是相当麻烦的女性服饰。

虽然是戏剧，但未免也太夸张了，我们先看看后面的发展。

利兵卫：“你说不舒服，但看起来没什么异状，我想应该只是闷闷不乐的老毛病而已，所以才把自己关在房间里吧。要不要到庭院散散心呢？”

图一　明治16年10月4日《东京绘入新闻》

政子：“老爷说得没错，这是试过各种药和散心方式都没用的难病，看来是要纠缠一辈子吧！”她说完后用袖子遮住脸。

所谓“用袖子遮住脸”，若穿着和服，便是如图一的动作。

插画中描绘的就是这段文字，但文章里完全没提到“巴斯尔风格”，也没有咬着手帕感叹等画面。

这也是常见的图文不符的例子之一，若从作家与“名为画工的导演”两者立场的不同来思考，就很容易理解了。如果身为导演的画工，其插画让观众（包括我们）感到有趣的话，那么他这场执导就成功了。

❶巴斯尔风格的洋装

明治十六年十一月，时值“鹿鸣馆”（为了与欧美人交流而建设）时代，当时上流社会的妇女喜欢穿着这种风格的洋装。“巴斯尔”（bustle）是指穿在裙子下的腰带，是一种内罩，目的是为了制造出让后臀上翘的效果，也就是巴斯尔风格（图二、图三）。

开始穿着西服[①]时期的日本妇女

在明治十九年六月十六日的《时事新报》投书栏，一位投书者记载前往东京木挽町厚生馆[②]聆听妇女读书会演讲的事情。文章如下：“在众多妇女当中，不少人穿着装饰丰富的西服，这无所谓，但这些穿西服的贵夫人和小姐都行日本式的弯腰敬礼，真让人无法接受。后来我不断呼吁别再做这种事了，这会被应邀而来的欧美人士取笑。”

这篇文章似乎想要表达，既然穿着西服，就应该行西式礼仪。而且那些从大老远来日本教授西洋事物的外国人看到这种行为会很失望……原来当时有这种言论啊！

总之，鹿鸣馆完工时，日本抱持着和西方平起平坐的强烈渴望，在服装方面也以“衣服改良”为名，拼命想纳入西洋风格。

---

① 西服，此文中指西式服装。——编者注

② 厚生馆，社区的活动中心，以促进社会福利、提供生活咨询、举办文化活动、方便居民交流等为目的。

因此当妇女们开始穿着西服时，经常出现打扮与一般日本人式“举止”很不协调的画面。

同样在《时事新报》，明治十九年六月二十一日的投书栏写道：“日本妇女穿着西服时，任何人都会停下来看，这是为什么呢？因为身穿西服的妇女内八摇臀的走路方式，让人不禁想停下脚步瞄一眼。”所谓“任何人”是指男性吗？不过，这篇文章想说的应该是巴斯尔风格与和服不同，强调腰部的设计，所以日本人和西方人不一样的奇怪举动，其实是很不错的改良。

图二　女性的冬季洋装。从头到脸部都盖着“面纱”，身穿皮毛滚边的外套，右手插在手笼里。
明治 22 年 6 月 5 日《江户新闻》

图三　夏季洋装，左手拿着扇子。
明治 23 年 1 月 23 日《大和新闻》

短暂的妇女西服风潮

看来明治十九年左右似乎是妇女穿着西服的极盛时期。银座二丁目“丸善商社裁缝店”的儿子在这年的《时事新报》上刊登广告，内容是关于裁缝店附近的银座通开了一间“西洋女服裁缝店”（图四）。不过，妇女西服十分昂贵，一般民众只能“望服兴叹”了。

明治二十一年一月十二日《读卖新闻》的报道指出，弓町八番地（现今银座二丁目的外堀通沿路）新开了“大和制服社”，其宗旨是因为当今盛行的西服“大部分都是英美德法混杂的拼凑品，不仅引来外国人的嘲笑，其价格也相当昂贵，无论在经济或卫生上都是弊大于利。”所以，“此次将会从西洋各国的服制中选取可作为模范者，一概不采用舶来品，而是以我国产品来制作高尚优美且轻便又独特的妇女服饰。”文末还提出了疑问：“真的能达成目的吗？”

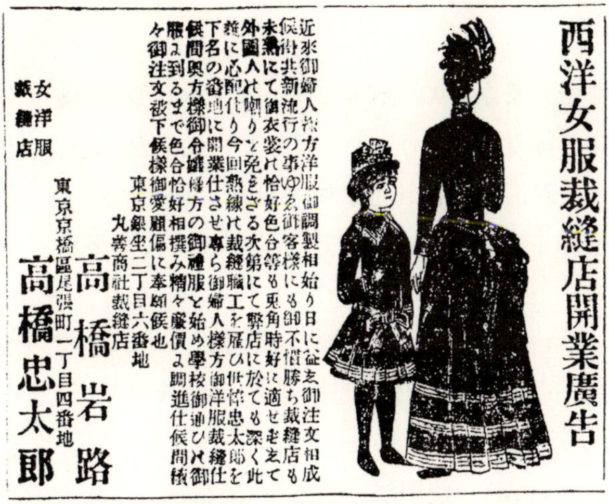

图四　明治 19 年 10 月 4 日《时事新报》

我们不知道后来这些努力的结果如何，但明治二十一年六月十日《东京绘入新闻》报道：“日本妇女的西服风潮逐渐走下坡。”“事实上，英国陆军少校汤斯通（Tonsuton）与夫人现正参观京都与大阪地区，目前住在有乐町的东京饭店，他对日本风格大为赞美，并批判了日本妇人穿着西服，尤其最不喜欢日本服搭配鞋子的风潮，他认为日本人最好还是穿日本服装、住日式房屋，希望旧大名[1]的屋舍能够继续保存。”看来当时西方人对日本人的西洋化也抱持着“这样好吗”的疑惑。

另外，根据同年九月六日《绘入朝野新闻》报道，无论是什么生意，整个社会都不景气，“特别是西服店近来特别困顿，穿着妇女服装的人愈来愈少，因此不少店家解聘原本雇用的外国人。事实上，银座三丁目大仓服装店雇用的外国人莱托（Raito）女士也被解聘了，她在前天搭船返回巴黎。”就这样，妇女西服的第一次流行很快就退潮了。

❷手帕

女性用力咬住手帕的模样，是一个很戏剧性的画面，不过樋口一叶在《浊江》（明治二十八年）里描述：“话说到一半，阿力难忍溢出的眼泪，捂着红色手帕并咬住边缘，沉默了半个小时。”虽然是小说，但既然一叶都描述了，不禁让人觉得现实中真的有这种行为……

关于手帕，根据《博学事典》风俗篇（下）所载：“明治十一二年间开始流行方形的西式手帕，名为‘ハンカチーフ’（hankachifu，即英语 handkerchief 的日译），另外也略称为‘ハンカチ’（hankachi），使用绢、羽二重[2]等布料，并加上美丽的双面

---

① 大名，日本江户时代直属将军并领有一万石以上俸禄的武士，中文通常译为“诸侯”。

② 羽二重，日本的一种丝织品。

刺绣，另外也有其他如纹织、浮织、条纹等，种类愈来愈多样化。”

此外，在手帕的名称尚未普及之前，曾经出现过疑似手帕的东西。根据明治十四年一月十八日的《读卖新闻》，皇居御苑内举行猎兔活动，捕猎到兔子的士兵们被赐予“帽子、鼻拭、里衣裤”三样东西。关于当中的“鼻拭”，在明治初期有段时间里，日本人常看到外国人用手帕擤鼻涕，因此将手帕取名为鼻拭。顺带一提，在这次的猎兔活动中，其他士兵则是获得了橘子。

另外有一则“鼻拭”的相关事件刊登于明治十五年一月二十七日的《读卖新闻》。内容如下：“前天晚上十二点左右，英国人キイリング（kiiringu）氏走在芝公园内新铺设的道路时，暗处出现一名强盗，亮出刀子恫吓他，后来抢走了三圆七十五钱、一本教科书和一条鼻拭。”

我想这应该是“鼻拭”名称最后一次出现的记录了。

另有其他汉字如“半手拭”“白短布”等。（明治时代的报纸上）用片假名记载时，几乎都写成“ハンケチ”（hankechi），也有“ハンカチーフ”（hankachifu），目前为止我尚未看过明治时代使用“ハンカチ”（hankachi）的记录。

制作手帕的家庭副业

穿着西服总不能搭配日式手巾，手帕应该还是随着西服一起传入的吧。一开始可能是舶来品，不难想象不久后便出现国产品了。

我猜测应该是国产品刚出现的时期，根据明治十二年九月二日《读卖新闻》的报道，当时一位美国前总统访日，当他返国时获赠了各种礼物，其中便包含了“两打绫织手帕”。

大约在明治十八年左右，报纸开始报道国产甲斐绢、羽二重等制成的手帕，出口量逐年增加。在产品制作中手帕滚边是不可或缺的，因此经常募集女工。据说一名女工一天最多只能缝制两条手帕。

一叶的《埋木》（明治二十五年）曾描述："将代工的产品拿给手帕批发商后直接去了别的地方。"指的就是手帕的滚边，这是在此类家庭副业盛行时的故事。

请各位观赏绢手帕家庭副业的报纸插画（图五）。

如《埋木》的描述，代工制作的手帕必须集合一定的数量再拿给批发商。在此介绍一则相关事件。

明治二十年四月二十一日的《东京绘入新闻》描述一起事件，内容如下：浅草三间町一名女性小宫おいさ（Oisa）行走于浅草仲町的马路上时，"突然间一名二十四五岁的男子从后方抱住她，她惊呼'啊!'的一声，男子趁机将装有一圆与一百条西式手帕的包巾抢走，她更加吃惊地喊着：'抢劫啊！抢劫啊!'于是一位巡查从旁边的小路出现，立即将他逮捕。"

图五　明治31年9月21日《都新闻》

这可能是将完成的手帕送去批发商的路上。因为一袋装着一百条有点多，所以 Oisa 小姐也许是负责统整各家代工的人吧。

用嘴“咬住”或“叼着”的习惯

接着回到一开始的插画，这种咬住手帕的行为，现在几乎已销声匿迹，这可能是源自戏剧或浮世绘世界里“表达感情”的方式，如“咬紧牙关”或“咬牙切齿”吧。

除此之外，以前日本人经常“用嘴叼东西”，在报纸插画可见一斑。这可说是“第三只手”。

因为整理和服的裙尾与长袖时，必须使用双手，自然而然地便开始了用嘴的习惯吧。咬着某物时会产生“霸气”，而且在很多场合，女性咬着某物时会让人觉得“很性感”，是一种带有特别效果的画面。以下列举几张图片来说明其效果（图六至图十六）。

图六 叼着短刀。
明治 13 年 12 月 18 日《东京绘入新闻》

图七 叼着包巾。
明治 12 年 2 月 8 日《东京绘入新闻》

图八　手拿着手烛并叼着怀纸①。
明治 16 年 4 月 28 日《东京绘入新闻》

图九　叼着怀纸，以勺子洗手。
明治 20 年 6 月 15 日《大和新闻》

图十　叼着信封。
明治 28 年 11 月 28 日《都新闻》

图十一　叼着梳子整理头发。明治 28 年 5 月 28 日《都新闻》

① 怀纸，随身携带的和纸，有许多用途，如书写用纸、手帕、盛物器皿等。

图十二　叼着信封读信件。明治29年1月8日《都新闻》

图十三　以头簪当武器，叼着扇子。明治29年5月8日《都新闻》

图十四　以手巾包盖住头并叼着手巾的一边。明治31年7月27日《都新闻》

图十五　从公共澡堂返回的途中，叼着弄湿的糠袋。明治31年10月27日《中央新闻》

图十六　从公共澡堂返回的途中，叼着弄湿的糠袋。
明治 44 年 10 月 6 日

挥舞手帕

这张插画描绘一位女性在船上挥舞手帕的画面（图十七）。

与人离别时的挥手动作（这张插画是挥舞手帕）是从什么时候开始的呢？因为是一个相当单纯的动作，所以我从未想过。我也不曾思考过，那是日本自古以来便有的吗？还是受到外国人的影响呢？因此我稍微调查了一下，发现日本原本有“振魂”的习惯，是带有震动空气来送气的意义。送人出门时的挥手也是来自于此，所以挥舞手帕的动作也是它的延伸吧（图十八）。在此仅介绍挥舞手帕的插画，至于下列（图十九）一边挥着手帕一边单手骑脚踏车的“活泼”女学生，则有待下一章详述……

图十七　明治 19 年 10 月 7 日《改进新闻》

图十八　目送船只的和服妇人。明治 31 年 10 月 9 日《都新闻》

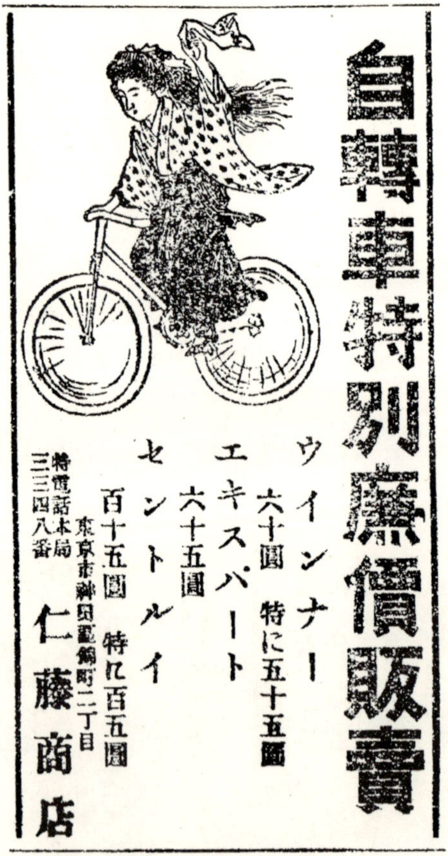

图十九　骑脚踏车挥着手帕的女学生。
明治 36 年 11 月 9 日《万朝报》的广告

ハンケチ（hankechi）或ハンカチーフ（hankachifu）的广告

“ハンケチ”（hankechi）的汉字一般都用“手巾”。现在大部分的人都说“ハンカチ”（hankachi），而在当时主要是“ハンケーチフ”（hankechifu）或“ハンカチーフ”（hankachifu）及“ハンケチ”（hankechi），截至目前，我从文字资料上未曾看过明治时代使用略称“ハンカチ”（hankachi）的例子。

明治十六年鹿鸣馆开馆，促使西服文化的兴起，明治十九年的“白木屋”比“三越”早先一步开设了西服部。也许一般认为西服应该搭配手帕，因此同年的广告中也出现了手帕的名称。后来它脱离附属地位，明治三十一年，中西仪兵卫所开设的手帕专卖店已开始刊登广告。

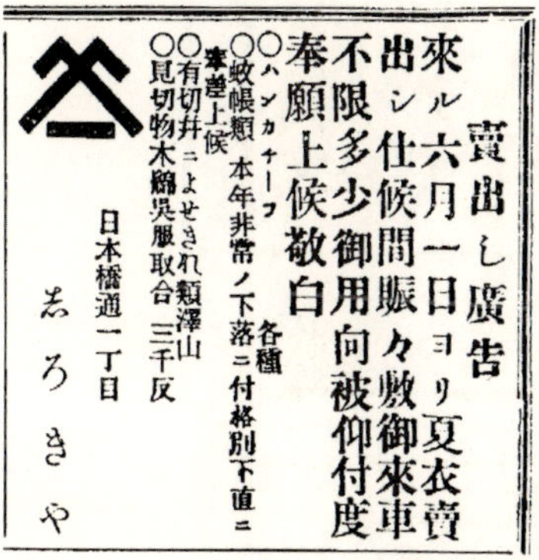

明治 19 年 5 月 22 日《时事新报》

明治 19 年 6 月 22 日《绘入自由新闻》

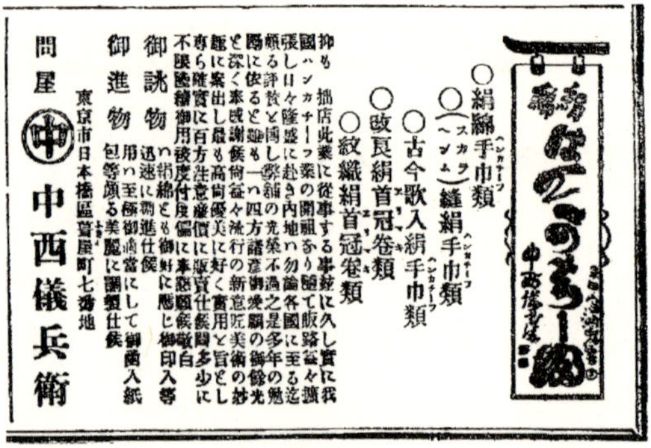

明治 31 年 11 月 3 日《读卖新闻》

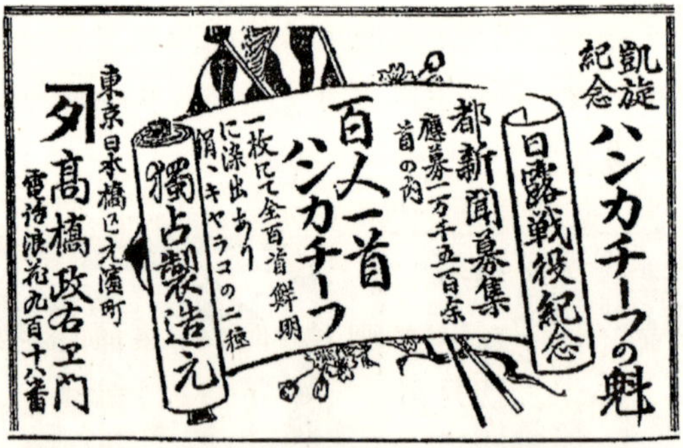

明治 39 年 2 月 7 日《都新闻》

明治 32 年 2 月 14 日《都新闻》

女学生与脚踏车

明治三十六年二月二十五日《读卖新闻》

《魔风恋风》第二回

延续上一章的广告“骑脚踏车挥着手帕的女学生”（页 172），本章介绍女学生吧。事实上，下面这张女学生插画比前者早九个月出现。仔细观察，她们的发型和服装都一样，握着把手的右手好像拿着手帕。

话说回来，这张插画描绘得很简洁。因为没有背景，所以骑着脚踏车的女学生特别令人印象深刻。

截至目前，本书都是从插画上截取人像来加以说明，不过此图是一张独立的图片，在明治三十年代后半，报纸小说的插画经常出现这种笔触较为轻松的图案。随着报纸的页数增加，报纸版面需要较多的小插画，因此画工的工作量增加，无法花太多时间在小说插画上。不仅如此，这个时期的风气已经逐渐转变，学习西洋画的画工也加入行列，他们寻求新的意象，不再是歌舞伎、浮世绘的风格，而是注重某种洗练的感觉，或“不受框限”“不做作”的风格。

骑脚踏车的女学生

小杉天外[1]的小说《魔风恋风》以女学生的自由恋爱为主题，在当时的社会备受瞩目，是一部热门话题的作品。而它也因为故事主角的女学生骑着脚踏车登场而引发讨论。

这位女学生是十九岁的荻原初野，后来因脚踏车事故而住院。根据医院的护士所说："她很漂亮喔！真的很漂亮！大大的眼睛，高挺的鼻梁，肤色晶莹剔透。"她是如此好看的美人。过去细长的眼睛是美人的重要特征，但此时"大大的眼睛"成为美人的要素，光是这一点就可以知道时代改变了。

话说回来，从手把下握着疑似手帕的东西来看，她虽然是活泼的女孩，但仍有擦拭汗水的教养，原以为她是大户的千金，但其实是千叶县香取郡佐原町的平民。我想，因为这位既不是华族也不是高级官员千金的平民之女成为小说的主角，所以广受民众的支持吧。

好学的女学生

在女学生的名称出现之前，似乎有"女书生"这个称呼，即使到了明治三十年代，报纸版面仍然可见到"女书生"一词。大约在明治十年，报纸上出现了"女学生"的名称，但我猜测现实社会里应该更早就开始使用了。

另外，"女生徒"一词也很早就开始使用，它也包含了小学校的学生。既然叫作"女学生"，那么称为"女子学校[2]的学生"会比较容易理解，但实际上小学毕业后继续升学到其他学校的人也都称为"女学生"，如此一来界线就过于模糊了。

---

① 小杉天外（1865—1952），本名小杉为藏，日本小说家。

② 女子学校，即"高等女子学校"。当时女性自小学毕业后，有几个升学选项：高等女子学校、实业学校、高等小学校。

野口孝一的《银座物语》中提到："明治二年九月，美国长老教会的传教士卡罗瑟斯（Carrothers）在东京筑地的外国人居留地开设英语学校，有一名女扮男装的女子入学。"也就是说，因为当时的女性还无法和男性平起平坐，于是无论如何都想学英文的这位女子，甚至打扮成男人，就是希望可以进入学校就读。卡罗瑟斯的妻子朱莉亚（Julia）得知后深受感动，于是在筑地居留地又开设了A六番女子学校①。这是隔年三月的事，而这间学校便成为日本第一所女子学校。这名女子的年纪不详，但在这种情形下年龄已不重要，只要是有心向学的女子学生，都当作"女学生"也无妨。

阳刚气太重的女学生

多年后，明治三十五年八月二日《读卖新闻》的一篇投书比较了东京与大阪的女学生，文中分析大阪女学生保有"昔日女孩的气息"，但东京的女学生却是"冷淡、阳刚气太重"。我很好奇这种说法是否妥当，于是翻阅报纸的投书栏，发现确实有不少这种事例。

明治八年十月八日的《读卖新闻》中有篇文章，虽然稍长，但在此引用全文：

> 近来学校越发盛行，女子也开始努力学习，实为令人欣喜之事。但有一点不甚明白，我认为一名女性从发型到穿着都应该美丽而温和，然而观察近期上学的女学生都穿着袴，难看又粗鲁，这样好吗？在日本，过去贵族家的女佣会穿着绯红色的袴——在

---

① A六番女子学校，1870年由基督教长老教会创办的学校，是现今女子学院的前身之一。

贵族的社会里，妇女遇到战争时也会穿着袴或盔甲，但我未曾听过平时也穿着袴。不仅如此，妇女服装也分成日常服饰与正式场合的服饰，这是自古以来的习惯，因此没有道理现在必须穿着男子的袴才不失礼吧。在官方指定妇人服装之前，暂时穿着西服也无所谓。我建议不要再穿男子的袴了。——麻布永坂新妻某

这里的“新妻”，不确定是指作者为女性，还是其姓氏①，总之，此人似乎认为女汉子的阳刚“袴装”不太好。与其说是女汉子，我倒觉得她们只是想在新的社会里更加活跃地吸收知识而已。

图一 明治20年4月28日《绘入朝野新闻》

① “新妻”的日文，是新娘的意思，但也可能是姓氏。

另一篇同样认为袴不妥的文章，是明治十九年六月三十日《时事新报》的投书。内容如下：

华族女学校的学生们，穿着紫色的袴与鞋子，拿着蝙蝠伞，但为何却没有勇气进一步改为束发西服呢？若诸君不赶快改良，世人便会将诸君称为山药怪物，请深切反省吧！——青山，忠告堂砚海

果然是鹿鸣馆最繁盛的时代，所以想法也稍微进步，建议束发（西式发型）不应搭配袴，而应搭配西服。后来这种“女学生风格”的袴装仍然维持了一段时间（图一、图二）。

图二　明治36年7月19日《都新闻》

更年轻的女孩看着这些活泼的姐姐成长，也深受这种风潮的影响。根据明治三十一年十月六日《读卖新闻》的投书所述：“横滨小学校女学生的狂妄令人不敢恭维。相生町某家千金穿着黑缩缅的三纹羽织①，头上系着夜会结（图三），戴着有色眼镜，大摇大摆地上学——呆生”。

对当时的小学生来说，“夜会结”应该也是“装大人”的发型吧。但竟然戴着有色眼镜，不愧是横滨的少女，

图三　“夜会结”。引自《日本家庭百科事汇》。

① 三纹羽织是绣有三处家纹的羽织和服。

即使现在看来，也是让人不敢恭维的时尚。女性从小就像在扮家家般地打扮自己，这种“特质”无可厚非。因此报纸刊登了许多女学生化妆用品的广告（图四）。

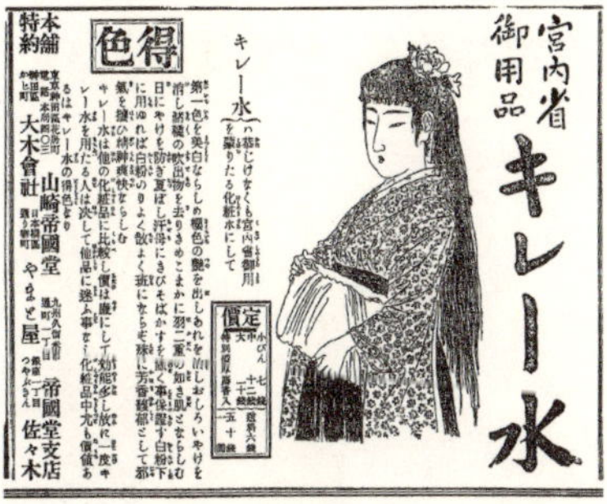

图四　化妆水“kire 水”（キレー水）[1]广告。明治 32 年 8 月 23 日《都新闻》

图五　“magareto”（マガレート）。引自《日本家庭百科事汇》

那么，这篇《魔风恋风》的女主角初野的容貌又是如何呢？“优美的肩线”“枣红色的袴，绑着马尾，清新的白色发饰，和服是箭羽花纹的风通（一种二重织[2]），袖子稍长，但随风飘动，色彩美丽而高雅……”文中提到的发型是马尾，若把头发编起来，就是当时流行的发型“magareto”（ラガレート，即 Margaret 的音译，图五）。

活泼的妇女

类似脚踏车的单人交通工具还有“骑马”。在横滨开港以前并无女子骑马的习惯，到了明治四年四月十九日才允许开放，于是一般庶民的女性也可以骑马了。

---

① キレー水（kire 水），日文“绮丽”（意为漂亮的、美丽的）的读音。

② 二重织是正面和反面皆以两种线编织的织品。

日本女性不会坐在一般的马鞍上，最初使用西洋女性横坐的马鞍。明治十九年一月四日刊登于《东京绘入新闻》的小说《片雄浪》中所描写的女性（图六），是在“生活无忧无虑”、能够“在庭院里练习骑马当作消遣”的环境下成长，这天她们从根岸附近大老远骑到王子。仔细看连马镫都没有，可见她们应该是用横坐式马鞍。

图六　小说《片雄浪》中的一个画面。明治 19 年 1 月 4 日《东京绘入新闻》

活泼的女孩遭遇脚踏车事故

可能是偷偷练习骑脚踏车，根据明治二十七年八月三日《都新闻》的报道：“连束发都被说成狂妄，那么这个就更夸张了，面町区富士见町五丁目某户人家的次女花子（二十岁）骑着脚踏车到处跑，前天打算前往上野公园，于是骑上脚踏车出门，在本乡壱岐坂往下坡时，不知怎么被一辆脚踏车撞飞，连站都站不起来，最后靠着人力车回家。据说不少人对这位名花留下瑕疵而感到惋惜。”

也就是说，这是一起两辆脚踏车相撞的事故。如果是良家子女，在自家院子也可以练习。她可能是想试试自己的技术吧，但在当时看来，这却是非常不知羞耻的行为。

话说回来，当时只要是有常识的家长，绝对不会允许孩子骑脚踏车。也许因为花子的父亲是外交官，知晓海外的情况，所以对骑车一事是可以理解的。或因为花子偷偷使用哥哥的脚踏车练习而产生了自信，于是发挥冒险的精神，尝试一个人骑到较远的地方，最后造成惨不忍睹的结果。

无论如何，目前看来这篇是较早记载女性骑脚踏车的文章。但也许因为在那个时代认为年轻女孩做这种事情也无妨，因此文章内容并没有那么具煽动性。若是如此，女性很可能在更早之前就开始骑脚踏车了。

脚踏车与艺妓

虽然有各种说法，但脚踏车在明治三年左右首次进入日本。当时有人描述“踩脚踏板便会慢慢启动”。在此仅列举脚踏车与女性相关的事情。

在上述那位千金小姐车祸的新闻之后，就没有再看到其他女性骑脚踏车的报道了。然而，根据明治三十一年七月十一日《读卖新闻》的投书内容：“在新桥很著名的小松屋阿越①，近日不知怎么地开始练习骑脚踏车，束发配上紫色袴，发出惊人的号令声②，在狭窄的巷弄里骑来骑去。听说脚踏车练习场在河边市场

---

① 原文おえつ（oetsu）。

② 此处的号令不知为何，或为人声，或为脚踏车的铃声。

的河内屋前面。”

下一幅画应该便是这位“新桥阿越”，访日的法国画家毕戈（Bigot）在同年九月画了一张图，描绘背着三味线、撩起和服裙尾，以这种“难看的姿态”骑脚踏车的新桥艺妓（图七）。我想实际上没有背着三味线，但因为阿越是十分出名的艺妓，因此当时应该相当轰动吧。

包括艺妓在内，一般庶民练习骑脚踏车时，通常一开始都是先寻找空地，或在专用练习场绕来绕去（图八）。这些设施都备有租用脚踏车，而且在明治十二年前后已经有脚踏车出租店，因此出现了租车后马上骑到大马路而造成问题的人（图九）。

图七　毕戈（Bigot）《骑着脚踏车的艺妓》，引自《日本人的生活》（明治 31 年 9 月）

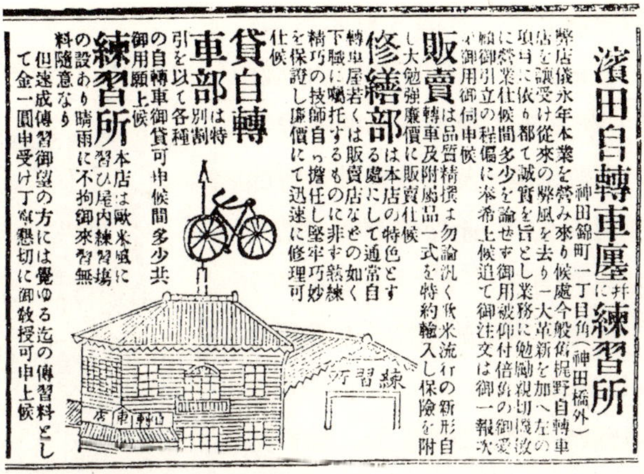

图八　滨田脚踏车店、练习所的广告。明治 31 年 1 月 2 日《中央新闻》

图九　在大马路上练习脚踏车。明治 31 年 3 月 4 日《中央新闻》

艺妓的挑战精神

“新桥阿越”年龄不详，但应该是十八至二十岁之间。和前述的良家子女“花子”年龄相仿，正可谓“当代女子”。不仅如此，这个时代的艺妓认为标新立异也是才艺之一，因此不时抱有这种挑战的精神。

例如明治五年二月的《新闻杂志》第三十二号记载："这阵子柳桥的歌妓（即艺妓）阿亭进入横滨高鸣的学校学习英学。在游乐圈子里出现这种奇特的女性是很稀奇的。"此处的英学，是指英语会话。同年一月的《日要新闻》也报道了横滨穿西服的艺妓，不难想象会引起不少话题。

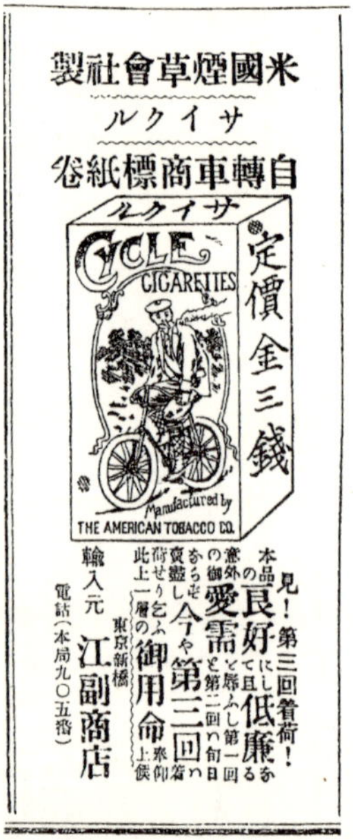

图十　香烟"CYCLE"广告。明治31年4月11日。

抱着标新立异心态的艺妓，她们的挑战之一便是明治三十一年的"脚踏车"。事实上，这一年日本社会也流行骑脚踏车，当时出现一篇令人在意的投书。和这位"阿越"挑战骑脚踏车的同年，明治三十一年十月一日的《读卖新闻》记载："江副商店贩售的卷烟CYCLE盒子背面，印有外国女性骑脚踏车的图案，仔细一看，是男性的骑车方式。——烟草爱好者"报纸上经常刊登"CYCLE"（明治三十年十二月开始贩售）的广告（图十），但广告栏并没有登载背面的图片，也只能想象了。

看不到也没办法，但也许透过这个"CYCLE"烟草的包装，一般日本民众第一次有机会看到"女性骑脚踏车的模样"。艺妓"小松屋阿越"很可能看过这个纸卷烟草"CYCLE"，因此我们可以推测她或许是看到盒子背面的图片后，而想要亲自尝试。

虽然如此，投书文章提到："仔细一看，是男性的骑车方式。"男性的方式是跨坐，不像女性骑马时的"横坐"——即"女性的方式"。所以这是一种有争议性的骑法。"阿越"颠覆了"当时的常识”骑脚踏车，应该需要很大的勇气吧。我未能寻获“CYCLE”盒子后面的图片，但看到明治三十一年九月十五日的《读卖新闻》刊登“骑脚踏车的女性”的插画（图十一）。标题是《时间是金钱》，仔细一看，坐在后方的老妇人似乎是横坐，她被前面的脚踏车拖着，比步行还要省事。毕竟是老妇人，无法以男性的方式骑脚踏车。即使如此，我认为大约在这个时候，已经有女性主动蹬上脚踏车的风气了。

图十一　明治31年9月15日《读卖新闻》

女学生的脚踏车风潮

据说《魔风恋风》女主角的原型是后来成为世界级歌手的三浦环。明治三十三年，她就读上野的东京音乐学校时，便是骑脚踏车上下学。当年的确出现了许多骑脚踏车上下学的女学生，根据十一月三十日《读卖新闻》的投书所载：

不是我要攻击女人骑脚踏车，但近来穿着枣红色袴装①的女

① 当时的女学生都穿着枣红或紫色的袴。

人撑着洋伞骑车，真是难看极了。深切希望改为戴帽子。——社会生

一方面，十二月的《二六新报》写道："昨日，有些女学生骑脚踏车前往音乐学校的秋季音乐演奏会。"这篇报道附有围着披肩、骑脚踏车的女学生插画（图十二）。

图十二　骑着脚踏车的女学生。明治33年12月10日《二六新报》

然而，针对女学生骑脚踏车也出现了不少批判。根据明治三十四年三月十四日的《读卖新闻》所述：

前些日子，四五位枣红西施突然闯进向岛的百花园，骑着脚踏车排成一列，当有人盯着看，她们就像被下了号令似地，不约而同地拿出手帕遮掩嘴巴。我敢断定，有女孩骑脚踏车的家庭一定很没纪律。——口髭绅士

另一方面，也有人为女性骑车辩护。以下内容节录自明治三十四年三月二十五日的《中央新闻》。

社会上有人严厉批判骑车的女学生和千金小姐是疯丫头，而且言行高傲，但我认为这是最令人感到充满活力且愉快的事了。尤其是五六人在春风里一起飘动着枣红色的袴骑车兜风，真是让人感到十分快活啊。——女尊居士

女学生与偷车事件

说到三浦环骑车上音乐学校，有篇报道里描述的人很可能是和她同期的女学生。报道中描述当时女学生的风俗很令人好奇，文章内容节录自明治三十四年四月十六日的《中央新闻》。

绑上巴黎最新型的夜会结，将行灯袴（没有内裆布的袴，也称为袋袴）拉高至胸前，穿着羊皮的纽扣靴、轻轻踩着脚踏板的身影，连路过的白发老婆婆都不禁发出“啊!”的声音，目送着这个背影。也难怪其他女同学因考虑练习时间，极省时、方便性，都跟着想骑脚踏车。还有人为了往来两所学校，或把握练习时间，每天都向年轻兄长苦苦哀求一台脚踏车，有位名叫竹子的女子①（十九岁），是本乡弓町一丁目八番地某氏的千金小姐。她前阵子开始骑脚踏车去上野音乐学校，骑车路线是由本乡通往不忍池的方向。上个月二十九日早上，（中略）她在音乐学校玄关和钟爱的脚踏车暂别，当天下课后，走到玄关想骑车回家时，发现那辆脚踏车没有等待女主人归来，已经不翼而飞了……

① 原文たけ子（Takeko）。

总之，这篇文章的内容是叙述脚踏车遭窃，最后抓到犯人的经过。

愈来愈大胆

女学生骑车的方式愈来愈大胆，例如一手骑车一手挥舞手帕，或撑着洋伞骑车等。根据明治三十四年十月四日《读卖新闻》的投书记载："本月三日早晨，骑车路过我家门口的一名女学生，放开两手卖弄特技，意气洋洋地骑了过去。"最后介绍一则令人痛快的压轴报道，该报道节录自明治三十七年十二月三日的《东京朝日新闻》，标题为《脚踏车西施（与电车赛跑）》。

对无趣的学习生活感到厌烦的枣红行灯袴西施，这位不知其名的千金小姐每天骑着红色脚踏车，从浅草代地边通学到筑地的女学校。她年约十七八岁，带着有点气魄的表情，神色严肃，专注地踩着脚踏板。是一位很早就懂得"鞍味"（可能是一种骑车技术）的达人。

前天早上，她一如往常从柳桥经过吉川町，骑到横山町时，前方有某班东京电车发出尖锐的铃声，像是将四周净空似地前进。电车对骑车的人最是碍眼，于是她干脆超越它，很悠哉地骑在救助网（当时安装在电车前方的网子）前面，还得意地放开一只手。车内的乘客抓着皮革吊环，每当电车摇晃时，都会来回摇摆三下，连烟都抽不了，身不由己，无法自由行动。因为无事可做，透过玻璃窗看着那位小姐，吵吵嚷嚷地责骂："看看那个背影真可恶，实在不像话！"司机也忍无可忍，心想："可恨的枣红妹！"接着稍稍加速并疯狂鸣铃。千金小姐也不甘示弱，表现出"来啊！

我不会让你超车的！”的神情，拼命地往前奔驰，原本梳好的花月卷①已经散乱，在晨风里飘扬着，箭雨纹的袖子也鼓了起来，结果惨了！在盐町狠狠地摔了一跤。

别说车内，连路上的人都拍手连喊万岁，千金小姐柳眉倒竖，再度骑上脚踏车快速地超越，电车也再度加速超越小姐两三回。因为骑得太激烈，控制不了手把，结果在旅笼町的马路中间再次跌倒。这里是许多前往鱼市场、说话狠毒的人来来去去的地方，责骂声更胜先前百倍。她是一位女性，按理说应该要害羞得满脸通红，但她是个活泼至极的时髦美人，只是若无其事地跨上脚踏车。反而是电车感到羞耻，电线冒火，连电车的影子都发红了。此刻，这位小姐已经超过竞争对手，在她弯过本町四丁目的转角，正要朝江户桥的方向前去时，回头对着电车挥着白皙的手，好像在说“过来！过来！”然后笑着骑走了。枣红脾气真不简单，司机、乘客与行人的脾气也都很不简单。

女子力量不容小觑。到了这个时候，人们已经很适应文明开化，时代正在迅速改变中，透过这些文章我们可以清楚地感受到这一点。

① 一种西式束发方式。

飙啊！飙啊！洗耳的脚踏车

怎么样，这种速度感？这是刊登于明治三十三年《都新闻》《剃刀阿金①》第九十六回的插画，地点是巴黎。在此之前，女主角阿金才以手枪射击人，所以这回出现这个画面。在这集文末写道“图片说明请待明日”，但隔天的下一回却只字未提。

相较于此，应该更要注意这个很有速度感的描绘方式。长发飘舞、裙尾飞扬，连脚踏车的车轮也扭曲了，乘奔御风之貌，宛如现在的剧画②。看看同部作品的其他插画，都是从未描绘过的角度、复杂的动作以及很细微的举措等，是一位相当有挑战精神的画工。

明治 33 年 12 月 18 日《都新闻》

---

① 原文おきん（Okin）。

② 剧画是一种日本漫画，画风和剧情皆强调写实。

绘者是明治二年十月五日出生于群马县（有些资料是埼玉县）的松本洗耳（本名松本政吉）。明治二十七年，他正值二十五岁，进入富冈永洗的画塾。明治二十九年任职于《都新闻》，明治三十九年五月二十八日去世，得年三十七岁。期间他曾在《风俗画报》发表许多插画，特别是在了解东京风俗必备的《东京风俗志》中有质量都很惊人的插画。通常这些人去世后会有各种逸事被披露出来，但却几乎不见他的轶事。看来他是个时不时就外出素描，非常专注于绘画志业的人，连交朋友的时间都没有。在他的安息之地菩提寺①——上野不忍池畔“觉性寺”——只留下了过去帐②，墓碑等都已不在了。他的后代等亲人也都在空袭时罹难，如今已难以得知他的事迹了。

① 菩提寺是日本一种寺庙的形式，在此世世代代埋葬祖先遗骨。

② 过去帐是一种佛具，记录已故者的姓名、生卒年月日等的册子。

有色眼镜是什么颜色呢？

明治三十六年四月二十四日《都新闻》

《实谭后来的阿梅》第五十二回

我搜集了有色眼镜的相关插画，却找不到少女戴有色眼镜的图片。果然戴上有色眼镜是特殊情形，看起来大都像是“可疑人物”。

在插画的小舟上，有一位怎么看都是“可疑人物”的角色。这艘小舟是隅田川的渡船，时间设定可能是明治三年左右。这位人物在小说中的描述如下：“约莫四十岁，身材高瘦，头上戴着当时很少见的兜形美国帽，穿着厚罗纱披风，吊儿郎当地配戴细长的黑蜡色刀鞘，脚上套着深蓝色的足袋和雪駄[①]，肩上扛着茧玉[②]，因为这天是初卯[③]，他应该是在参拜完亀户妙义神社的归途中。”但关于有色眼镜一事没有任何说明。

❶有“小心火烛”字样的火打袋

穿着印半缠[④]的船夫一边撑拄长篙一边说：“好啦，要出发了！小心喔！嘿哟咿嗨哟……喂，那位老兄，今天参拜妙义神社

---

① 雪駄，竹皮革屐。

② 茧玉，日本过年时一种祈愿用的装饰品。

③ 初卯，过年后的第一个卯日，日本江户时代的习俗，会在初卯时参拜妙义神社。

④ 印半缠，背上印着家徽等的半缠。

时不巧下雨了，被雨天搞砸，真是可惜。柳桥的船宿也很不一样吧。”他的腰边系着“火打袋”，这是一种随身携带的袋子，在火柴出现之前，主要是放入抽烟时使用的打火器具。

❷有色眼镜

在元和年间（1615—1624），一般无色的眼镜已经可以在日本生产。镜片加上有色玻璃便成了“附有颜色的眼镜”，也就是“有色眼镜”。这种东西也是江户时代就已经出现，目前展示于东京涩谷的“眼镜博物馆”。

至于在报纸方面，明治七年十一月十七日的《朝野新闻》写道：“有人说，眼镜是对老花眼有益的好东西，近年来连年轻人都流行戴色眼镜，它可以避免眼睛疲劳，对眼睛好，也可以防止沙尘，未必是不好的事。”可见当时的称呼是“色眼镜”，而且已经开始流行了。换言之，一般认知它应该相当于现在的墨镜，不难想象当时镜片的精密度不高，令人怀疑真的是“对眼睛好”吗？

【绿眼镜】

虽说是有色眼镜，到底是什么颜色呢？在克拉拉·惠特妮（Clara Whitney）的《胜海舟的媳妇克拉拉的明治日记》里描述了明治九年二月十一日的纪元节①，在拜访皇居的上流阶级大人物里有一位“戴着绿色大眼镜的男人”。也就是说，此时日本人已经可以在某处购买到有色眼镜了。

此记载的时间相当早，但插画里小舟上的男人在更早以前就购买了，因此可以推测，幕末时代来到横滨的西方人，在长途的航海旅程中（可能）以它来防止紫外线，后来也流入市面了。

---

① 纪元节，战前日本的四大节日之一，日本开国神话中第一任神武天皇登基的纪念日。

【青眼镜】

根据明治十四年十一月一日《东京绘入新闻》的记载："芝滨松町二丁目的酒商柳屋某人借钱给第九代的市川团十郎[1]，他数度造访团十郎的家追讨债款，但每次家人都说他不在，无法见到面。他心想团十郎会去本乡春木座表演，于是在途中神田今川桥附近埋伏，结果来了一辆熟悉的人力车。乘坐的人'穿西服，戴着高帽和青眼镜，如鲶公似的神情'，毫无疑问的，此人就是团十郎……柳屋这么想着，于是上前挡车，他心想：终于等到今天，你人都在车上了，总不能又说不在吧，看你怎么办。他凑近一看，发现这位戴着青眼镜的人竟是受托处理团十郎杂务而奔走的代言人（即律师）……"因为当时上级官吏经常留着鲶鱼般的胡须，所以有"鲶公"之称。想必政治家当中也有人戴着青眼镜吧。

【色眼镜的形象】

根据明治二十一年一月二十日《东京绘入新闻》的记载，有位戴着"青眼镜"的男人自称是四谷警察署的侦探（刑事），但他其实是假冒身份。可以猜测，在当时的警察当中称为侦探的人，往往会戴着色眼镜。而本章开头那位搭乘小舟、戴着有色眼镜的男子，便是日本尚未建立警察机构时负责取缔犯罪的公务员。

此外，明治三十二年七月二十七日《都新闻》的小说《村正勘次》中出现的有色眼镜男子（图一），也是警察里的"侦探"，在十月十五日的同篇小说甚至还描述了一位戴着有色眼镜的巡查（图二）。目前为止所看到的插画，他们在文章里对于有色眼镜都

---

① 市川团十郎，歌舞伎的世袭艺名。

只字未提，但画工松本洗耳很可能是根据角色的形象，而让他们戴上有色眼镜吧。

有色眼镜也有吓阻对手的效果，其来自于“即使是性格懦弱的人，也可以感觉变得强势”的特性。明治二十四年十月二日《东京朝日新闻》报道了东京三轮村发生的强盗事件。内容如下：

他们分别戴着灰色高帽与黑色大帽，两人都戴着青色眼镜，并以手帕蒙面，这两位有着书生气质的男人，虚张声势地说：“我们是爱国的有志之士，最近为了政治行动，需要两百圆。听说府上很有钱，因此前来商借，虽然很突然，但请你们马上拿出钱来，我们会依你们的回应而行动。”然而，主人却淡定地应对，以致强盗的气势被压制了下来，留下木屐头也不回地逃走了。这是青眼镜没有发挥效果的例子，如果是黑眼镜的话，结果会如何呢？

图一　明治32年7月27日《都新闻》

图二　明治32年10月15日《都新闻》

【黑眼镜】

比青眼镜更有强势印象的是“黑眼镜”。在介绍之前，先来看一篇文章，虽然不确定内容谈的是不是“黑眼镜”。

根据明治十七年十月十六日《东京绘入新闻》所载：“奥州[1]生产的黑水晶开始出口到欧美，其中有相当昂贵的产品，大部分都用于制作眼镜。据说防止日光方面最有效，因此已经有本国人开始制造眼镜，虽然要价四圆以上，但若真的有效的话，会是很实用的产品。”

这里说的正是墨镜。不过，如文章所述，它不是使用玻璃，而是水晶，这是怎么一回事呢？怎么感觉对眼睛不太好，如果是黑水晶的话，还可以称为“黑眼镜”，但好像不太实用。因为是使用偏黑色的玻璃制作的才叫“黑眼镜”吧。

不确定到底是用黑水晶，还是偏黑色的玻璃？从明治二十六年二月七日开始在《大和新闻》连载以“黑眼镜”为标题的小说。这位被称为“黑眼镜”的人物是地下组织的首领，怎么看都很奇怪。然而在小说中“黑眼镜”即将登场时，因为目前《大和新闻》有多期散佚，所以其真面目不得而知，是一个谜。后来找到了它的单行本《侦探小说黑眼镜》。

虽然单行本只有收录一部分插画，但其中有一张描绘了“黑眼镜”，请各位读者观赏（图三）。

古怪的有色眼镜男

明治三十一年六月二十日《中央新闻》的小说《大盘石》有以下剧情：一位男子到医院探望政治激进派的朋友，他为了掩饰长相而戴上有色眼镜。“在社会上有名的”男人为了不受注目而戴有色眼镜，但反而引起注意，相当矛盾。我并非不能理解他的

---

① 奥州，旧地名，相当于日本现今东北地区。

图三　引自榎本破笠《黑眼镜》（明治 26 年，弘文馆）

心理，但还是不太懂。戴上有色眼镜的心理似乎自古以来都没改变，不知读者的想法如何呢？

在报纸小说里的人物所戴的有色眼镜大都为黑眼镜，每个人物都被描写得很古怪。在明治三十三年五月二十日《都新闻》的小说《江户樱》有以下描述："镰田兵作穿着由柏家提供、以小纹缩缅制成的花哨羽织，茶色的献上带①，南部万筋②红绢里③的小袖④，戴上当时流行附耳罩的仿冒水獭帽，鼻头上托着黑眼镜，千草色⑤的内衣裤搭配雪駄，是一身极为奇怪的穿着。"很可惜这里没有插画。

兵作是一位古怪的人，若要打扮得显眼，黑眼镜是必备的。即使有点害羞，但比起这种心情，若想更吸引他人目光的话，相较于"青眼镜"，黑眼镜更具有虚张声势的效果。

当小说想要描写特殊行业时，黑眼镜是经常使用的小道具。

---

① 献上带，上等博多织腰带，因江户时代黑田藩呈献给幕府作为贡品，故称为"献上带"。

② 万筋，以两条不同颜色的线所织成的条纹。

③ 红绢里，红绢是染成绯红色的绢织物，红绢里是指以红绢制成的和服内里。

④ 小袖，袖口较小的和服。

⑤ 千草色，偏绿色的浅蓝色。

但这种行业的人竟然也使用黑眼镜！在永井荷风的《冷笑》（明治四十三年）中出现了特殊的例子，就是搭乘隅田川一钱蒸汽（类似水上巴士）的明信片小贩。

“最后搭乘的黑眼镜短袖男子，在椅子上打开手提袋，先拿出一两张明信片。”这位明信片小贩戴着黑眼镜。也许是眼睛不好，或者是为了吸引目光，应该有种种理由，但很可能戴上黑眼镜之后就可以充满自信地做生意，有某种心理学的效果吧。

洗耳的道歉

在本章开头介绍的《实谭后来的阿梅》第五十二回插画（页195）里，关于那位坐在小舟上的黑眼镜男子，故事里说明他名叫弥七，是当时警察机构的官员。第六十二回对此有以下说明：

在之前的插画中，刑事弥七戴着黑眼镜以及在扬弓游乐场的模样等，都与现实不同，请各位读者谅解这些纯属虚构。今后会多加注意，尽可能不违背当今风俗，更精准地描绘。——洗耳

想必是因为读者投书给编辑部，认为当时不可能有戴黑眼镜的刑事吧。

对于这种读者投书，在过去连载《实谭后来的阿梅》（明治三十四年五月十七日至明治三十五年四月二十六日）的“补白”中有以下说明：“笔者尽可能精准地描述事实，但若有错误、让人疑惑或有其他感触，请不吝来信告知。”几乎每天都有许多投书，大部分都和故事有关，有些是针对洗耳插画的投书，对其作品提出各种要求。在此介绍其中比较有趣的投书：

关于堀的阿梅插画，有时画得很好，有时画得很糟；很好的是洗耳老师的作品，很糟的到底是谁画的呢？拜托全部交给洗耳老师画吧！——银座四丁目石冈こう（Ko）

二十七回的插画，内文明明是黑暗的夜晚，却画了一弯新月，很奇怪。——下谷かやの（Kayano）

图四　引自《后来的阿梅》第77回，明治34年8月17日《都新闻》

七十七回的插图，应该说画得好？还是不好啊？——灵岸岛とめ（tome）女（图四）

洗耳老师啊，外界议论纷纷，有人说您画得好，也有人说画得不好，我好不甘心，请您振作一点！——八王子町のぶ（Nobu子）

七十八与八十二回阿梅的和服花样不同，她带换洗衣物出门吗？——吉原中米楼小樱

八十二回的插画，我一看就哭了。草席上还下雪，实在太过

分了。——千叶姊崎大黑屋やすえ（yasue）

如果再对洗耳老师的插画说三道四，我就把鲣鱼干插在你肚子上，然后派只猫来吃。你这个不懂分寸的白痴！——芝伊皿子公平眼

一看八十七回的插画，就愤怒得像被牛奶呛了一口。——因幡町杉原

阿梅的岛田髻总是很好看。是哪位结发师梳的呢？——根津宫永町けい（kei）

不是用来虚张声势的黑眼镜

眼睛不好的人也会使用黑眼镜。著名的讲谈[①]师第一代桃山如燕（1832—1898）是个贪杯之人，年轻时因眼睛受损而险些失明，后来拜了菅谷的不动尊（此寺庙位于新潟县新发田市，境内的“御手洗瀑布”自古以来被认为具有治疗眼疾的灵力）之后情况好转。因为有此疾病，所以总是戴着黑眼镜。他过去曾发生一个插曲，因为在舞台上过于专注，没有发现黑眼镜托在鼻头上，所以当他做出举手环顾的动作时，不小心将手放在眼镜上，让观众们忍不住笑了出来。

画家石井伯亭在明治三十二年左右戴上了灰色平光眼镜。据说是因为他罹患鼻泪管狭窄症，两眼不断渗出眼泪，让他十分困扰。

在其他的名人中，正冈子规[②]也有黑眼镜。在他的日记《仰卧漫录》里，明治三十四年十月十日的记载如下：“戴着黑眼镜读报纸、读杂志。”特地戴上黑眼镜读报纸和杂志，十分奇怪，也

---

① 讲谈，日本的传统艺能。

② 正冈子规（1867—1902），日本文学家，创作俳句、短歌（皆为日本短诗）以及小说等。

许是好奇心旺盛的子规才会做出来的事吧。令人好奇这样阅读报纸是什么感觉。

女性的有色眼镜

除了横滨的有色眼镜少女之外，若还有人会戴“有色眼镜”，应该是女学生或艺妓吧，各位读者认为呢?

在目前所见的插画中，明治三十一年十二月《都新闻》刊登的《侦探实话毒蛇阿政》里，主角“阿政”（图五）是第一个戴有色眼镜出现的女性。这张插画的有色眼镜是为了变装，是她即将做坏事的画面。恰巧横滨少女的发型是“夜会结”，也和阿政的发型一样。

图五　明治 31 年 12 月 17 日《都新闻》

明治三十二年一月二十九日的《都新闻》介绍了下谷艺妓的绰号，其中一位艺妓名叫“夜眼镜”。她是玉伊势屋里二十二岁的真智①。根据报道，她取这个绰号是因为“不分昼夜，从未将金框墨色眼镜摘下”。“墨色”很时髦，看来不是纯黑的。

根据同年十二月二十九日

① 原文まち（Machi）。

的《都新闻》所载："立花家阿缘[①]一年四季都戴着有色眼镜，因为颇具姿色，所以很受欢迎，但是一拿下眼镜就看不清楚，所以客人总是要举起杯子示意倒酒位置，让阿缘害羞得脸红，这种情形还不少呢！"可见当时已经出现有度数的有色眼镜。

在艺妓之间果然流行着有色眼镜。明治三十三年一月七日《东京朝日新闻》刊登一篇名为弥生山人的记者所写的随笔，这年女学生流行在脖子上绑手帕，这位记者感叹道："以前的艺妓除了深川[②]之外，都不会穿羽织，但近来都穿着黑领的家徽和服。过去都说赤脚很潇洒，甚至连艺妓都不穿足袋，但如今戴着有色眼镜，并在脖子上绑绢手帕，这种很像病人的打扮成为艺妓的固定装扮之后，也传染给一般民众，总让我觉得很低俗。"

看来男性对女性的有色眼镜抱持负评，在明治三十四年三月五日《读卖新闻》的投书栏里有人这么写道："没有比吾妻外套[③]搭配黑色眼镜更令人讨厌，如果是艺妓作此装扮也就罢了，但正经的年轻妇女和小姐都在模仿，真是令人震惊。"

目前我还未找到有关女学生戴有色眼镜的报纸文章，或许只是还没遇到吧。我想，无论在什么时代，女学生都会做这类的事吧！

浅色的有色眼镜

石井伯亭戴的"灰色平光眼镜"应该算是"浅墨色"的有色眼镜。从时尚的角度来看，应该很受女性欢迎吧。上述明治三十一年"毒蛇阿政"的插画（图五），阿政的有色眼镜看起来也是

---

① 原文おえん（Oen）。
② 深川是东京地名。
③ 吾妻外套，日本明治中期流行的和服外套，以西服衣料制作，长及裙尾。

浅色的，同样在前述明治三十二年“夜眼镜”的艺妓，她所戴的“金框墨色”眼镜可能也是浅色的吧。

另外，小山内薰[①]的《大川端》（大正二年）以日俄战争结束后明治三十八年左右为时代背景，当中有个场景是在一个名为“龟清”的料亭举办扮装大会。

“艺妓都没有特殊的点子。达子[②]与三助打扮成御守殿[③]，山子[④]则是模仿女学生，也有人做手古舞[⑤]、乡下女孩等装扮。橡胶阿巴则是从自己的绰号突发奇想，打扮成舶来的橡胶人偶。小里将有着特大帽缘的帽子绑得很时髦，然后戴着浅色眼镜，系上邮票花样的腰带，并穿着有军舰花样裙尾的和服。”

所以艺妓“小里”是以奇特打扮搭配“浅色眼镜”。

即使有色眼镜这个名称变成了“墨镜”，但在大部分的场合里，男性走硬派风格，女性则是软性风格。无论时代怎么改变，有个性的人还是会以特别的方法来吸引目光，这点是不变的。

---

① 小山内薰（1881—1928），日本剧作家、编剧。

② 原文たつ子（Tatsuko）。

③ 御守殿，江户时代嫁入三位以上诸侯家的女性，这些人主要是将军家的儿女。同时也指称伺候这些女性的仕女及她们的打扮。“三位”是过去律令制度下的身份位阶。

④ 原文やま子（Yamako）。

⑤ 手古舞，祭典上由艺妓女扮男装进行的余兴舞蹈。

蒙面女

明治二十六年二月七日《大和新闻》

《黑眼镜》第一回

这是前一章介绍的小说《黑眼镜》的第一回插画（如下图）。请注意这位巴斯尔风格女子的脸戴着不像是名为“面纱”（图一）的时髦网罩。此时不是夏天，所以当然不是“防蚊具”（图二）——这是开玩笑的啦。

图一　明治 19 年 11 月 13 日

《绘入朝野新闻》

图二　明治 37 年 5 月 13 日

《万朝报》

描绘这位西服女子的画家是水野年方。耐人寻味的是，他在《大和新闻》的小说《茑红叶》（明治二十五年十二月二十一日）中也画过类似的女子（图三）。

图三　《茑红叶》的一个画面。明治 25 年 12 月 21 日《大和新闻》

因为是不同的故事，所以这两名女子不是同一人，在《黑眼镜》中的描述如下："一群可疑人士围着餐桌坐在椅子上，正在讨论着某件事。仔细看他们的脸，其中一人是贵妇风格，另外八人则是端庄的绅士装扮。这八人面向妇人并背对着我，因此我看不到他们的脸。女子正对着我，但她的脸却蒙上蓝色的厚布巾。"换句话说，这张插画中的女子"蒙着蓝布"。

至于另一位《茑红叶》的妇人又是如何呢？她在一场对话中被提起。内容如下：

侦探苅田："咦？是你看到那个人啊？"

濑越龙尾："是的，而且是蒙面女子，看起来是年过五十的老妇人。"

虽然这么说，但光从插画来看，怎么看都不像是年过五十的老妇人。暂且不谈这个，令人好奇的是"蒙面"妇人的想法源自何处？

顺带一提，两篇小说的作者都是榎本破笠（1866—1916）。他擅长改编外国作品，据说《黑眼镜》的构想来自法国畅销侦探小说，而《茑红叶》则源于另一部外国作品。两部作品的背景都改为东京。“蒙面妇人”的想法可能也是这么来的，不过作者似乎不太在乎蒙面的东西是什么材质、什么形状，因此画工年方也只好这样描绘了。

图四　明治 17 年 8 月 9 日《绘入自由新闻》

用手巾蒙面

无论如何，通常蒙着脸都是因为有不可见人的事，或涉及坏事。话说，被描绘的女子的姿态都非常好，这只是源自画工的“西洋女性印象”吧。若描绘日本又是如何呢?

私奔的时候可能会想蒙面吧，因此男女往往都将手巾盖在头上（图四）。男子是盖住脸颊，并在下巴处打结；女子则是含着手巾的边缘，看起来有点性感。如果是舞台剧风格，这样描写也无妨。若实际上这么做，应该会沾满口水，因此绑在下巴还是比较贴近真实的。

私奔通常都在深夜。在一片漆黑下，照理说不需要蒙面，但还是有见不得人的感觉，所以让他们蒙上脸，但这么做反而更加显眼。这和前一章黑眼镜的功能颇为相似，非常有趣。

回头看后方的女子

私奔的女子因为在意后方而回头。这种“回眸美人”① 的形象，依女子的心态而有不同的类型。由以下两个例子可窥知一二。

第一张是悄悄来到男人家的年轻女孩（图五）。她稍微弯腰，右手抓着下裙，左手则贴在好不容易抵达的男方家门口，因担心被人看到而一直注意着后方。

图五　明治 23 年 10 月 1 日
《大和新闻》

图六　明治 23 年 4 月 6 日
《大和新闻》

① 日本江户时代著名的浮世绘画家菱川师宣的经典作品。

另一张是在暗处拉客，称为“hippari”（ひっぱり，“拉”的意思）的娼妇（图六）。她的外貌稍年长，举止很谨慎。右手抱着草席，左手收进袖子里，为了不被执法人员发现而注意着后方。

虽然情况不同，但两个人都停下脚步。那一瞬间，她们都感觉到了什么，于是弯着腰回头看后方。虽然只是如此，但如果是舞台剧，这会是一个展现演技的精彩画面。

因为身穿和服，才会有各式各样的动作，这些都经由具高度审美意识的前人，在舞蹈和舞台剧中逐渐地建立起来，我们也对此产生共鸣，心想“哇!”“太赞了！太绝妙了!”可以想象，巴斯尔妇人做这些动作会很不搭调。

戴着高祖头巾的女子

从江户时代开始，已经出现用来蒙面、称为“高祖头巾”的衣裳。它原本是御寒的衣物，因可防止头发被吹乱而受到喜爱。若在天气寒冷时穿戴，就会呈现只露出眼睛的蒙面状态，如同美国人艾德华·S. 摩士（Edward Sylvester Morse）① 的《日本每日》书中的记载，高祖头巾“通常以紫色缩缅制作，只要戴上它，连外表普通的女性看起来都会很美”。明治三十年左右，高祖头巾曾在日本全国流行，但早在明治二十年前后的报纸插画上就很常见了。请见以下五张插画（图七至图十一）。

其中可能有几种用途：为了御寒、为了回避他人的目光、对自己的外貌没有自信及综合这些情形等，但从外观难以判断真正的理由，这也是高祖头巾的优点。

---

① 艾德华·S. 摩士（Edward Sylvester Morse，1838－1925），美国的动物学者，明治时代曾任教于日本东京大学。

图七　明治 16 年 11 月 24 日《开花新闻》

图八　明治 16 年 12 月 20 日《绘入朝野新闻》

图九　明治 20 年 1 月 21 日《改进新闻》

图十　明治 21 年 12 月 7 日《大和新闻》

男性也想戴高祖头巾

如同黑眼镜，戴上高祖头巾只露出眼睛，让人从外观看不出来是谁。接下来介绍几则男性因为这个特点而忍不住戴上高祖头巾的故事。

以下节录自明治二十七年十一月二十一日《都新闻》：

图十一　明治 28 年 6 月 4 日《大阪每日新闻》

二三天前的傍晚，一名妇人戴着灰色缩缅的高祖头巾、身穿琉球绌的和服，并绑上黑绣子与缩缅的腹袷带（昼夜腰带）[①]，套上黑缩缅的羽织，穿着のめりの（nomerino）驹下駄[②]，要走进洲崎游廓的大门。当巡查发现其头型、臀部的样子和走路的方式等都不像女性，于是叫住他并上前盘问，请他拿下头巾才发现原来是一个散发头的男子。他因为觉得每次都穿着尻切半缠[③]太无趣了，于是今晚想穿特别一点，而向妹妹借来这些衣裳。不过，男扮女装触犯了违警罪（会被科以拘留、罚款的轻罪），他被巡查斥责一顿后便垂头丧气地回家了。

这个事件算是可爱的，接下来的报道则是明知故犯的违法行为，就不能说是可爱了。明治三十五年三月十七日《读卖新闻》

---

① 内、外以不同布料制作的女用腰带。

② のめりの驹下駄，有两枚屐齿，且前方屐齿是倾斜的木屐。

③ 尻切半缠，长度只到腰部的短型半缠。

有则报道如下："此事发生于前天午后一点左右，在上野公园的不忍弁天境内，一名男子围着披肩、戴着高祖头巾闲晃，巡查觉得可疑，于是上前盘查，发现他是专偷旅馆的盗贼，（中略）前来参拜弁天神，祈求自己的罪行不被人察觉，真是个奇怪的人。"是一个让人无言的事件。他是一个男扮女装且蒙面的旅馆盗贼，前来参拜弁天神并祈祷罪行不被发现，但他的香油钱是从哪里来的啊？

男性戴着或想要戴上高祖头巾的目的，最极端的例子是在谷崎润一郎的《秘密》（明治四十四年），内容如下：

长襦袢、半襟、腰卷，还有发出"曲曲"声响的红绢里袖——它们给予我如女性肌肤所体验的触感，从后颈到手腕涂白，在银杏卷的假发上覆盖高祖头巾，然后大胆地混入夜里人来人往的街道上。

阅读这一段时总会涌上一股激动，也许那位旅馆盗贼也是沉溺于这种快感吧。让人不禁认为，他除了祈祷罪行不被发现之外，或许也祈求着能够长久体验这种滋味吧。

頬冠贼

根据《大辞林》的说明，頬冠是“为了御寒或防尘，用手巾从头包到脸颊，并在下巴打结”。但也有明显不是这样的例子。例如下面图片所示，包括小偷等被称为“贼”的人，为了蒙面而使用。如此看来，頬冠的贼都是将和服向外折并夹在腰带处，除了一个例子（明治十四年九月十一日《有喜世新闻》）之外，所有的人都打赤脚。顺带一提，《有喜世新闻》插画中歹徒穿着称为“足半”的鞋子，其长度只有普通草履的一半。

明治 13 年 10 月 27 日《有喜世新闻》

明治 14 年 2 月 15 日《东京绘入新闻》

明治 11 年 11 月 5 日《东京绘入新闻》

明治 14 年 9 月 11 日《有喜世新闻》

明治 21 年 12 月 13 日《绘入朝野新闻》

谜样的黑色口罩

明治二十六年一月七日《大和新闻》

《保证无病》

这张图的地点在上野的山上，时间是樱花将要绽放时，一名男子“将漆黑的头发剪短，穿着绢织的二层小袖，套上斜子[①]三纹羽织，搭配 nomeri（请见《蒙面女》）的木屐与西式拐杖，并将呼吸器套在嘴上，看起来是一位抱病的人。”（虽然看起来很健康……）各位读者应该发现了，套在嘴上的黑色口罩便是“呼吸器”。

根据明治十三年十一月《东京绘入新闻》的广告（图一），这个“呼吸器”是东京日本桥马喰町“平尾赞平”的店售商品。附上“レスピラートル”（resupiratoru）的标音，可能是来自欧美的舶来品。这是什么样的东西呢？它宣称对以下这些人是“一日也不可或缺的良器”：

一、肺病

二、咽喉疾病

三、容易感冒的人

四、气喘

五、痰咳

六、寒冷时风雨无阻前往旅行的人

七、在船内及各种工厂会吸入药气的人

八、在沙尘中工作的人

---

① 斜子即斜子织，又名“鱼子织”，运用织线经纬变化，使变面呈现鱼卵形状的一种织法。

图一 **“レスピラードル”**（resupiratoru）呼吸器的广告。明治 13 年 11 月 24 日《东京绘入新闻》

根据《明治事物的起源》的描述，明治十二年由日本桥本町的“いわし屋”（iwasi 屋）贩售这种“レスピラートル”，另有以下的说明：“呼吸器已经问世很久了，它以金属板、金线或木炭等制成，种类繁多。”看来相当专业。

另外，这篇《保证无病》其实是滋养剂“Health”全版广告里的单篇小说。

顺带一提，这张插画里戴着呼吸器的男子，其实出现在这个广告的前一年，明治二十五年二月《大和新闻》的《忧愁之笠》第四十一回，插画中有位同样风格的男子（图二）。（可能是）“Health”的相关人士看到这张图，强烈希望采用这个形象，而将他当作“呼吸器代言人”吧。虽然意涵有点不同，但他的某种个性受到青睐。这两张图都出自画工水野年方之手。

口罩到底是不是黑色的？

一般来说，口罩应该是以“白色”为基调，但不知为何这个呼吸器看起来是黑色的（因为报纸是黑白的，所以无法确定实际的颜色）。然而，从明治十四年二月十三日《东京绘入新闻》的投书可以判断，它确实是黑色的。投书的内容是一则很没营养的笑话，内容如下：

“最近有些人用黑布盖住口鼻在路上行走，那是为了什么啊？”

“那个叫作呼吸器，据说走在路上时，一些不好的气味和各种尘埃会随着呼吸进入体内，这些东西很毒，于是购买在马喰町卖小町水①的平尾氏所发明的呼吸器，并将它戴在脸上行走。”

“夏天也会戴吗？”

“当然啊！”

“别闹了，天气那么热，哪能戴上那种东西啊？”

“那还是得戴啊。”

“不对啦，夏天不会戴。”

这个讨论没完没了，于是他们询问檀那寺②的和尚，结果

图二 明治25年2月7日《大和新闻》

① 小町水即化妆水。

② 檀那寺，以某家族为施主的寺庙，与菩提寺性质相似，请参考《女学生与脚踏车》单元的“菩提寺”注释。

他说：

“看来夏天也会使用，为什么呢？前阵子我看到路人悄悄拿下呼吸器的脸……”

“结果呢？”

“发现他鼻子的拉门大开。”

这个对话的笑点好像只是那个人的鼻孔很大。

为什么是黑色口罩呢？

黑色具有某种难以捉摸、深不可测的“黑暗”意象，如“黑眼镜”“黑头巾”等，另外也有“强大”的形象。

“怪杰黑头巾”① 很强。虽然他是正派人物，但这里的“黑”意味着“以毒攻毒”，征服“黑暗世界”的反派。

以下的例子是刊登于明治三十一年二月《大阪每日新闻》的《假面力士》（图三），黑色假面力士是反派角色，对手绪方大藏在如铁般的腿上穿着“黑色紧身裤”，也就是“黑”对“黑”。

当时已经有黑色假面的力士，真是令人惊讶。总之，那个时代如“黑带”的象征一样，不是“黑”的就不强。

在明治二十九年左右日本流行“鼠疫”，也就是黑死病。坊间流传“去除鼠疫的符”，而“レスピラートル”（感觉上这个名称比呼吸器有效果）甚至在明治三十二年十二月被当作一种“鼠疫预防器”而受到欢迎（图四）。

---

① 《怪杰黑头巾》是日本出版于1935年的小说，后来也陆续拍成了电影和电视剧。

图三　明治 31 年 2 月 22 日《大阪每日新闻》

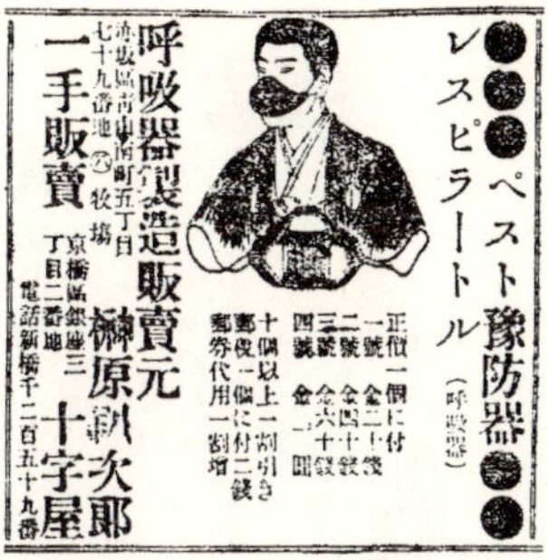

图四　“鼠疫预防器”广告。明治 32 年 12 月 14 日《中央新闻》

何时卫生用品变“白”了?

卫生用品是“白色”的，这个印象是从什么时候开始的呢?我们脑中首先浮现的应该是“护士”的白色制服吧。虽然现在不一定如此，而是非白色的制服居多。

根据《服饰辞典》所载：“洁净的白帽、白衣、白围裙的护士服固定形式，先是在英国建立的。一八八四年（明治十七年），樱井女学校与共立东京病院设置护士养成所，于是日本诞生了西式护士服。他们学习英国的看护技术，也引进了白寒冷纱的护士帽、白色平织棉布、贝壳纽扣、长裙、维多利亚风格‘垫肩’的护士服。”

的确，刊登于明治二十八年一月《大和新闻》的护士小姐的制服是白色的。医生衣服也是白的，还有白色床单、白色绷带，样样都是白的（图五）。

然而，护士服似乎不是一下子就统一成白色的。在明治二十年东京慈惠医院的开幕典礼上，护士制服是“灰色窄袖与白色围裙”。当明治二十七年爆发甲午战争时，日本红十字会的护士服也是“深蓝毛织上衣与袴”。

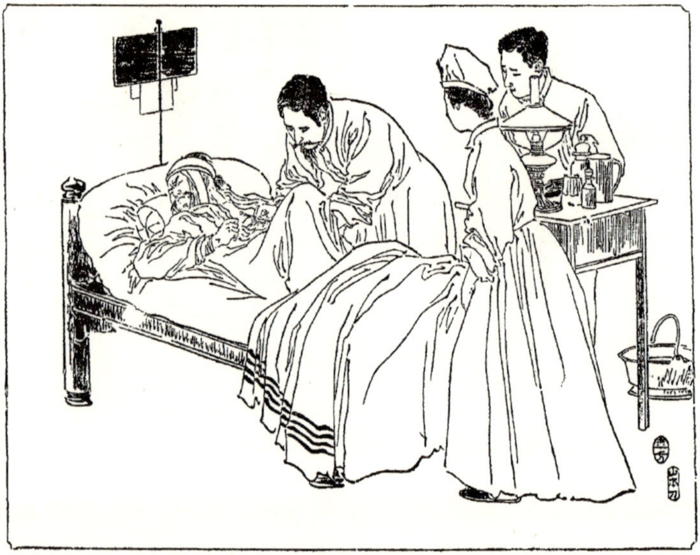

图五　明治 28 年 1 月 6 日《大和新闻》

详细调查护士的历史，《近代事物起源事典》提及庆应四年在上野山的战争时，重伤者被收容于横滨大田病院，由两名女性看护陪伴，这是最早的护士。

时间再往后一点，刊登于明治二十六年《大和新闻》的小说《朦胧花限》，描述了明治十年西南战争时的事情，护士也出现其中。因为这篇小说完成于战争的十六年之后，因此无法判断其符合现实的程度，但这名护士身上套的是“白色围裙”（图六）。

围裙下是和服，头上什么都没戴，这件围裙很像后来的烹饪服，实在耐人寻味。因为根据常见的说法，烹饪服是明治三十五年由教授厨艺的赤堀烹饪学校①所发明的。

那么呼吸器（口罩）是从什么时候开始变成白色的呢？至少

① 即“赤堀割烹教场”，明治十五年（1882）由赤堀峯翁所创办的料理学校。

图六　明治 26 年 6 月 9 日《大和新闻》

目前可以确定的是，在明治三十五年一月名为《人民》的报纸广告中的“安全呼吸器”是白色的（图七）。

除此之外，值得讨论的是比这则广告更早的明治十九年十一月《东京绘入新闻》的投书。以“去除臭味”为题，与其说是呼吸器，这里所描绘的显然是“白色口罩”（图八）。

前阵子报纸上刊登一篇抱怨文章，提到一位健谈的结发师一边工作一边聊天，偶尔会喷口水到客人脸上，这让他很困扰。我认为结发师应该都戴上平尾制或自制的面具，既可去除口臭，也无须担心喷口水，可谓一举两得，这样也不会让客人讨厌。

——草海伊弥太

这张插画看起来是自制口罩，可能是布制的。结发师与理发业是卫生产业，翻阅本书介绍的散发店插画，套在客人身上的布确实是白色的，因此他们倾向使用白色并不是奇怪的事。

现在的“白色口罩”也许就是以这个“去除臭味”的自制口罩为嚆矢（开端）吧。

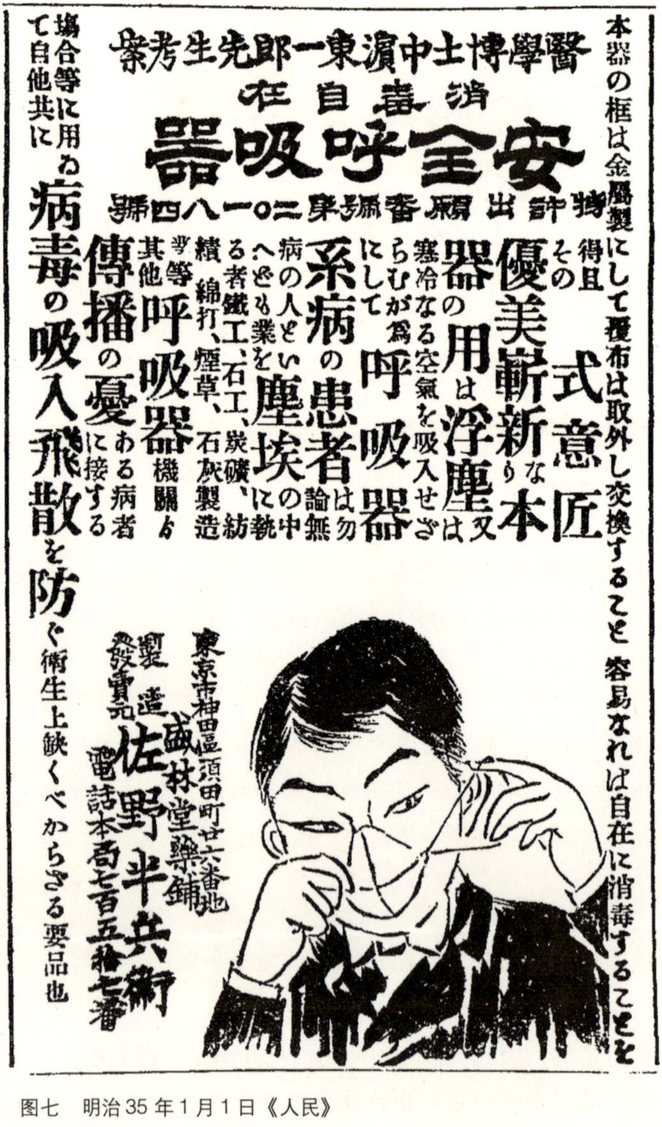

图七　明治35年1月1日《人民》

图八 明治 19 年 11 月 2 日《东京绘入新闻》

阿染感冒与印振圆左卫门

在今天，戴口罩通常是为了防止花粉症，另外也在“感冒”或“流行性感冒”流行时使用。那么，这个流行性感冒是在何时传入日本呢？明治二十二年它在欧美流行，明治二十三年初侵袭神户和横滨。同年一月十六日的《读卖新闻》以“インフリユエンザ病”（infuruenza 病）[①] 这个名称来介绍。

根据明治二十四年一月十五日的《大和新闻》，为了去除流行性感冒，当时民众盛行在住家门口贴上写着“久松不在”的符。流行性感冒也称为“阿染感冒”，这是因为将它比喻为在净琉璃与歌舞伎上演出的《阿染久松》，“只要说‘久松不在’，阿染就不会进来”是一种咒语。这个表演是“大阪的油店女儿阿染与店家小弟久松，两人相恋但因身份悬殊而殉情，把这类民间传说加以改编的作品总称”（《大辞林》）。话虽如此，为什么将流行性感冒称为“阿染”呢？因为流行性感冒会冒冷汗（日文的冷汗是“脂汗”“油汗”）。若知道上述油店的故事，大概

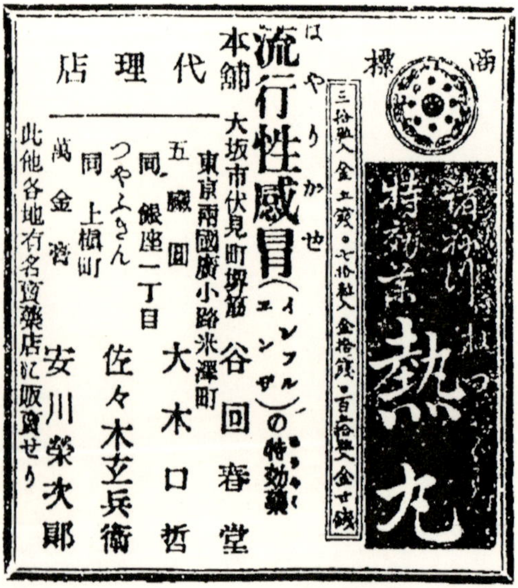

明治 24 年 1 月 21 日《东京朝日新闻》

① 现代日语的写法是“インフルエンザ”。

可以理解，但还是很牵强，连当时的记者都这么写。

也许因为“流行性感冒”（インフルエンザ）这个外来语仍不为民众所熟知，因此才想到用“阿染”吧。另外也有“印振圆左卫门”，也就是“インフルエンザエモン”（infuruenzaemon），硬把病名音译为人名，然后将流行性感冒称为“圆左热”。明治二十四年二月四日的《东京朝日新闻》刊登了一篇文章，内容如下：“店家患了圆左热，把阿染与久松私奔画面的锦绘当作稻草人，在他们的眼睛和胸口钉上多只钉子，来祈祷祛除感冒。”

护士的室内拖鞋

明治二十六年五月二十八日《大和新闻》

《朦胧花隈》第二十四回

这是上一章介绍的关于明治十年西南战争小说中的一个画面。

前途看好的陆军军人“花野少尉”与东京名门千金“澪子”相遇，两人进展很顺利，约定将来结为夫妇。后来花野前往突然开战的九州战地，而且在战斗中失踪了。留下来的澪子十分担心，某个夜晚她决定离家出走，在百般央求下硬是搭上从横滨出发的船，最后终于找到收容负伤的花野的医院，地点在熊本县水俣初野村。

下面这张插画是澪子确认花野平安无事之后，向照顾他的护士与巡查道谢。身穿羽织的女子便是澪子。

❶手提包

可能因为她是出身名门的千金小姐，明明是离家出走，却身穿正式的外出服装，手上拿着细长的洋伞及相当时髦的手提包。在法国最晚19世纪末便已开始使用手提包，因此明治十年日本富裕家庭的女性拥有它也不奇怪，但是带着它离家出走，甚至到战场，是否妥当呢？

❶手提包
❷护士的室内拖鞋

顺带一提，就我目前所见，“拿着手提包的日本女性”的插画最早出现在明治十六年四月的《东京绘入新闻》（图一）。

图一　明治 16 年 4 月 27 日《东京绘入新闻》

❷护士的室内拖鞋

请注意左方护士的脚底，这是“室内拖鞋”吧。在同一篇小说里，医院的护士都这么穿着（图二），由此可知是室内拖鞋。

因为当时已引进西洋医学，所以从卫生方面来看，在医院里穿室内拖鞋是理所当然的事。但这张图怎么看都是户外，她似乎是直接从医院走出来送澪子，但身为一名护士，这种行为未免太不谨慎了。从这位护士已经剃眉来看，她是已婚者，或是寡妇。在小说中，她的名字是武村花乃①，是“护士的取缔”（也就是现在的“护士长”）。这种身负责任的人穿着室内拖鞋到户外是对的吗？虽然没有描绘到脚踝，但仔细一看，她似乎穿着足袋（因为

① 原文武村かの（Kano）。

图二　明治 26 年 6 月 8 日《大和新闻》

围裙下穿着和服）。或许她不想弄脏足袋，或其实有户外用的室内拖鞋。

第一位护士

根据《明治事物起源事典》所载：“明治元年戊辰之役（戊辰战争）中，在横滨大病院致力于救护伤者的看护人员，是文献中最早的护士。”依据插画的背景，在明治十年西南战争时，“看病妇身穿缟木棉的窄袖半缠，配上深蓝足袋与草履，以这样的装扮活跃于工作现场”。和插画里护士的服装差异很大。

这么说来，西南战争时期的护士很可能还未开始穿着室内拖鞋，那么护士从什么时候开始穿室内拖鞋呢？或者说医院从什么时候开始使用室内拖鞋呢？

让我们继续追溯“护士”的起源吧。同样是《大和新闻》，在明治十九年十二月开始连载的《虾夷锦古乡之家土产》，是三游亭圆朝[①]亲自旅行取材并汇整而成的故事。在这篇文章里，出现了戊辰战争时期的护士，也就是日本首位护士出现的时期，但地点不是横滨，而是在常陆国（现今的茨城县）筑波下种郡村附近的高道祖村，在此一间废弃寺庙“观音院”里设置了“同爱社”医院。

医院里有位名为“阿录”的女子，以“看病妇”（当时一律这么称呼）的身份工作，幸好有一张这位看病妇的插画（图三）。仔细观察，床底下描绘了一点阿录的脚尖，但她身穿和服，脚上穿的似乎不是室内拖鞋，应该是草履吧。很遗憾，光是从插画的世界探究医院与室内拖鞋的关系，看来是越追溯越遥远了。

图三　明治 19 年 12 月 21 日《大和新闻》

① 三游亭圆朝（1839—1900），日本落语家。

从“surippurusu”（スリップルス）到“surippa”（スリッパ）

在《明治事物起源事典》中记述西南战争时护士穿着“深蓝足袋与草履”，那是没办法的事。但在明治二十六年的《朦胧花隈》里，为什么护士们穿着室内拖鞋呢？这应该不会太难理解。首先，片山淳之介（福泽谕吉）在《西洋衣食住》（庆应三年）中以“上沓・Surippurusu”（スリップルス）的名称介绍室内拖鞋，是日本首度出现室内拖鞋一词（图四）。然而从图片来看，和我们所熟悉的室内拖鞋不同，是包住脚跟的形状，很难想象它一开始是以“surippurusu”的名称被广为接受，于是我把它的另一个名称“上沓”换为“上靴”①，并搜寻报纸文章，发现了明治九年四月十七日《读卖新闻》的这篇报道：

东京的“龟户学校”，“以这个地方的副户长②平岩甚助为首，有几位人士共同捐款，并捐赠了时钟、伞、旗子、上靴、木屐、木材等物品”。其中包含了“上靴”与“木屐”。也就是说，因为有些孩童没有木屐，为了平等而提供木屐吧。这是那个时代的“上靴”。

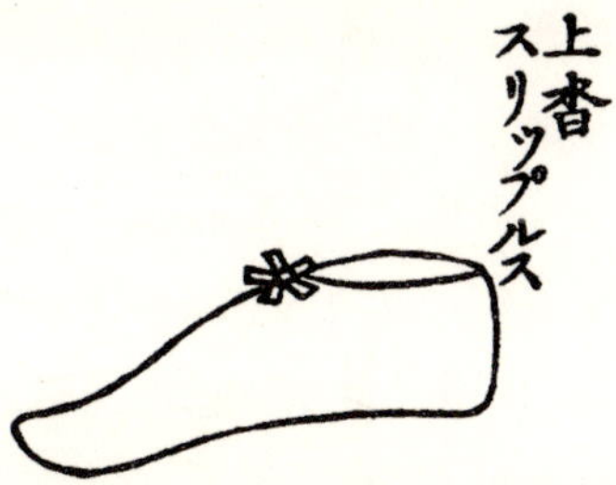

图四　“上沓・Surippurusu”，引自《西洋衣食住》

可能学校是西洋风格，所以在建筑物的室内铺设木地板。为了不弄脏校舍，而禁止在室内穿鞋。由此可知在校内似乎使用了“上靴”，

① 日文里“鞋”与“靴”是一样的意思，“上靴”意思是“室内穿的鞋子”，“上草履”则“室内穿的草履”。

② 户长相当于现在的区、町、村长。——译者注

图五　明治 13 年 2 月 8 日《东京绘入新闻》

不会穿着室外用鞋大剌剌地进入室内。和现在的小学校一样，这种思维很有日本的风格。[①]

这里的上靴很可能类似福泽谕吉所说的“surippu-rusu”，也可能类似现在的室内拖鞋。如果是和式的“上草履”，就会直接这么写吧。无论如何，报纸插画首度描绘疑似现今的室内拖鞋，很可能是明治十六年三月的《开花新闻》，该图的场景是横滨洋馆的浴室内（详情后述，图十三）。横滨洋馆的历史比东京还要早，因此不难想象室内用的拖鞋也出现得比较早。

另外，“surippurusu”的形状让我想起中国式的鞋子。在明治十三年二月的《东京绘入新闻》中有一张描绘住在横滨居留地洋馆的中国人正在室内的插画，乍看之下，他脚上穿着形似“surip-purusu”之物（图五）。若是如此，或许龟户学校的上靴也是类似的东西。

我大胆推测，如果当时横滨有制作这种上靴的师傅，而他们

① 现今日本的中小学，也是进校舍时必须换鞋。

将日本的上草履改造为西式鞋，也就是类似现在的室内拖鞋，这么想也不奇怪了。那么是什么时候的事呢？那种鞋子是在什么地方开始使用的呢？

在医院使用室内拖鞋

出现室内拖鞋的报纸插画，大都是在医院的画面，这意味着医院与室内拖鞋密不可分的关系。除了护士之外，住院的病人也会使用（图六），那么探病的人也是吧。他们脚上穿的不是看起来杂菌很多的和式上草履，而是室内拖鞋，会产生这种变化，可能是因为民众对西洋的最新医学抱持高度的信赖，同时也是对随之而来的鞋履表达敬意吧。

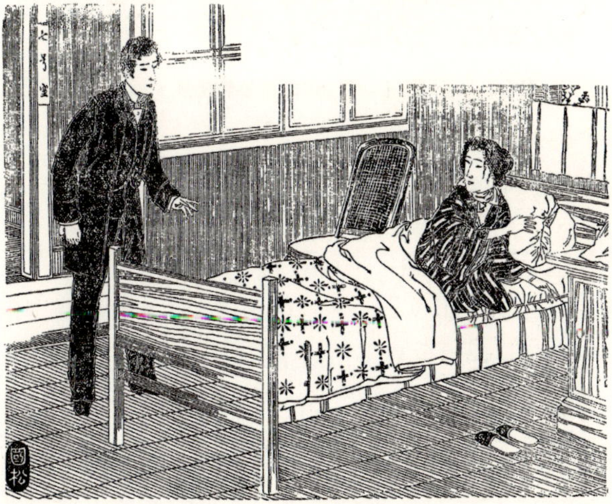

图六　明治 20 年 9 月 6 日《绘入朝野新闻》

因为当时的室内拖鞋都是皮革制品，可以立即擦拭杀菌。一般民众接触室内拖鞋的机会大都是在医院，想必在插画中出现之前早就是这样了。

图七　明治28年3月20日《都新闻》

为什么穿室内拖鞋外出呢?

话说回来，“为什么护士武村花乃小姐穿室内拖鞋外出呢?”这个疑问依然无解。其实另一张插画中的护士也疑似穿室内拖鞋外出（图七），是陪伴甲午战争伤病士兵的画面。既然有了第二个例子，与其疑惑一“为什么”，不如说这应该是很普遍的现象吧。

在明治九年五月二十六日《读卖新闻》的投书中提到，有些日本人造访他人住家时，竟穿着沾有泥土的鞋踏上榻榻米，投书人认为，在“非穿鞋者禁止入内”的告示牌之处，没穿鞋子的人必须赤脚上去，因此希望在门口放置上靴。

外国人也就罢了，连日本人都穿着鞋子踏上榻榻米，实在是很奇怪的事。可以推测，日本人在把草履与木屐等换成鞋子的时代，对往昔的鞋履习惯产生了疑惑吧。换言之，在明治十年西南战争时期，假设在战地的护士武村花乃小姐将室内拖鞋——即来自西洋的“上靴”——视为一种“鞋子”，那么就算她认为可以穿着它自由进出医院也不奇怪。因此，若将室内拖鞋当作草履的替代品，不难想象有些人不会排斥直接穿它到户外。

以足袋跣干活

说到这里，我开始觉得穿着室内拖鞋外出也没关系了。事实上，我最近才在地铁里看到两名女中学生，穿着缀有可爱饰品的室内拖鞋，在车内昂首阔步。有时在祭典抬神轿的人也会只穿着足袋。不只是祭典，只穿着足袋在外头干活的情形，从以前就大有人在。

连载于明治四十一年《国民新闻》的德田秋声《新世带》在开头写道：“主角总是以襻挂、足袋跣的装扮工作”。所谓“足袋跣”，是不穿木屐或草履，而只穿着足袋的装扮，也含有拼命工作的意思。只穿着足袋比较好活动，例如在插画里可见有些人力车夫以这种足袋跣的装扮东奔西跑（图八）。

顺带一提，橡胶鞋底的足袋大约是在明治三十四年开始流通，广告中的商品名称是“ハダシ”①（hadashi）足袋②。不过在此之前已经有人尝试把足袋加工，让鞋底变得更厚。

明治四十二年二月二十八日的报纸《日本》刊登了日本桥通某家和服店小弟的感想：“我刚刚说过，店员分成一到七等，五等以下都是直呼名字，另外，若店员穿着草履的话，对客人太失礼了，因此是足袋跣的装扮，可是足袋经过一天就会全黑，因此大家都会在足袋上再套足袋。上级的人还好，像我们就得自掏腰包，

---

① ハダシ即赤脚，汉字是“跣”。

② 现代日语的写法是“インフルエンザ”。

图八　明治 14 年 11 月 25 日《东京绘入新闻》

实在很困扰。"

原来是足袋上再套足袋，也就是说，和穿上袜子后再穿上鞋子相同。既然如此，外出时穿着室内拖鞋避免弄脏足袋的想法是很合理的。

严禁穿鞋

明治时代的人们外出时大都穿着木屐或草履、草鞋，若经济贫困，也有人直接赤脚。

若是取水，反正脚都会弄湿，所以赤脚也无妨（图九）。如果自认脚底够硬，就会赤脚拖人力车（图十）。即使不是这样，在那个很少铺设道路的时代，人们回家后还是会先坐在门口的上框，把脚洗干净再上去（图十一）。这张插画中穿着深蓝足袋跳的车夫在东奔西跑后回到家里，女儿在一旁为他准备了手巾，可见日

图九　明治 11 年 5 月 19 日
《东京绘人新闻》

图十一　明治 27 年 9 月 16 日
《都新闻》

图十　明治 27 年 7 月 8 日
《东京朝日新闻》

本人喜欢洁净的生活。在东京，每个町至少会有一间公共澡堂，这位车夫应该也是在家里用餐后就去澡堂吧。他坐着的上框，便是内外的界线，这种区分和欧美不同。

现在的日本人已转变为穿着鞋子生活，但进入室内时，大都还是会脱鞋。虽然周遭的事物几乎都西欧化了，但鞋子还是会收纳在玄关的鞋柜里，或直接脱下鞋后置于玄关。唯独进入室内时脱鞋的习惯从未改变。

图十二　明治16年6月28日《绘入自由新闻》

根据《舶来事物的命名》的记载："在日本，室内拖鞋的普及似乎和西洋建筑的普及有密切关系。对明治初期的庶民来说，西方建筑高不可攀，西方人虽穿着鞋子进入室内，但日本人却不被允许，因此以室内拖鞋来取代以往的室内鞋。"

然而，我对此表示疑惑，因为西方人未必会为日本人准备室内鞋。根据明治十六年六月《绘入自由新闻》的插画，日本商人未穿着室内鞋，而是直接穿足袋被带到西式房间里，一副鞠躬哈腰的模样（图十二）。但或许这是日本人进入室内时的良知吧。或许西方人本来就没有提供室内拖鞋给客人使用的习惯？

因为日本人没有穿鞋进入别人家的习惯，因此会理所当然地脱下鞋子。在这种时候日本人应该会无法理解——西方人竟然若无其事地在这么美丽的地毯上穿鞋。总之，足袋脏了就换掉，回家后再清洗即可。

西方人在哪里穿室内拖鞋？

当时的西方人到底在哪里穿室内拖鞋呢？因为在室内都穿鞋，除非脱了鞋，否则就没有机会穿室内拖鞋。依常理推测，可能是洗完澡上床之前，或是就寝后需要去洗手间时，再或者是已经将袜子脱下时，他们才会穿上室内拖鞋。

前文提到刊载于明治十六年三月《开花新闻》的一张插画（图十三），描绘了横滨百二番馆英国人住处的浴室里，一位穿着室内拖鞋的洋妾（西方人的妾）。就目前所知，这张图是首度描绘室内拖鞋的报纸插画。无论如何，从这张插画可以知道，西方人应该会在浴室附近穿着室内拖鞋。

除了在自己家外，西方人会在什么情形下脱鞋入室呢？那就是进入日式房屋时。如果在幕末，也许会直接穿鞋进去，但他们应该马上就会理解这是很没有常识的行为。想必日本人已考虑到这种情形，会为他们准备日本传统的“室内鞋”。

图十三　明治16年3月24日《开花新闻》

然而，西方人即使脱下鞋子，还是会穿着袜子，这样就很难穿上室内草履，于是室内拖鞋便随之出现。这里有一张客人在游廓①，穿室内拖鞋的插画（图十四）。他是日本人，当然西方人也会去游廓，不难想象，游廓里会为西方人准备室内拖鞋。在这张插画里，日本人很理所当然地穿着室内拖鞋，由此推测，最晚在明治二十年代，或更早之前，游廓就准备室内拖鞋了。顺带一提，插画里的花魁②穿着很厚的室内草履，那是因为她穿了很长的“拖地裙尾”，所以才会如此。

图十四　明治 33 年 3 月 21 日《大和新闻》

演员也很早就开始穿室内拖鞋

这是一个例外，明治二十三年三月的《大和新闻》（图十五）刊登了一张东京新富座后台前放着室内拖鞋的插画。它好像若无其事地放在那里，但这里不像是西方人会出入的场所，和医院应该也没什么关系。若需要室内鞋，应该会使用室内草履。有一篇关于室内草履的报道提到了医生，那么有没有提到“室内拖鞋”

① 官方认可的妓院。

② 游廓的妓女中地位较高者。

呢？总之，先看看明治十二年一月九日的《东京绘入新闻》吧。

“在新富座有个规定，除了演员，其他人都不准在后台穿室内草履。但前天宗十郎演完判官后突然老毛病发作，便立刻请医生过来。这时让医生穿上室内草履进入病人的房间，后台的管理人喜知六认为这违反了座则（新富座的规则），他自以为是师直[①]，以这种角色的身份来为难人，而末广屋也贯彻了判官的角色，连接送都不要，就自己回家了。”演员的性格是对演出内容也会很积极地采用新的事物。我猜想，可能是演员去诊所或医院时看到室内拖鞋觉得很有趣，便毫不犹豫地开始使用室内拖鞋吧。

图十五　明治 23 年 3 月 21 日《大和新闻》

室内拖鞋在室内鞋中地位最高

有趣的是，在剧场里，演员是地位最高的人，所以可以穿室内草履。相扑的行司坩，则是从赤脚的菜鸟行司开始，接着被允

① 当时宗十郎（即末广屋）正扮演“假名手本忠臣藏”（歌舞伎剧名）里的“判官”角色，在戏中，判官一直受到“师直”这个角色的为难。这篇文章以此比喻后台管理人的刁难。

许穿足袋，最后爬到可以穿草履的地位。在演员的世界里，地位最高的人原本是穿室内草履，但后来上面又多了“室内拖鞋”吧。

在这个意义上，观察明治二十一年五月《大和新闻》的插画（图十六），可以发现主人穿着室内拖鞋，但来访的年轻男子却只穿着袜子。这说明着“我是这个家的主人”的心态，若对照第242页图十二里西方人对鞋子的看法，真是有趣。或许对当时的日本人来说，在自家穿着室内拖鞋是一种地位的象征。当家里有访客时，为他们提供室内拖鞋的习惯，是后来的事情了。

图十六　明治21年5月1日《大和新闻》

室内拖鞋的价值观，　由此可见日本人的美感

现代人并非以这种眼光看待室内拖鞋了。将它提供给访客，是为了不让客人的袜子沾染到家里的灰尘（即使已打扫过），虽然不至于是卑微的谦让美德，但总之它是一个小道具；一来表示

对客人的尊重，二来不让访客袜子的污垢沾到自家的高级地毯。

重要的是，在如此欧化的时代，大部分的家庭还是习惯在玄关脱下鞋子。从玄关进入屋内时，有个脱鞋的小空间，即使公寓没有上框，但还保留着一点的高度。和明治时代一样，只能在这个小空间穿鞋。现在外出时通常会穿鞋，若只是到附近则穿拖鞋。

最后再回头看，明治十年医院护士武村花乃小姐穿着室内拖鞋外出，没什么好大惊小怪了，因为那只不过是被当作“便鞋”。如果穿着足袋的话，不就只能穿便鞋吗？因为室内拖鞋的前端是包头的，可以让足袋不沾染泥土和灰尘。若这么想，它不就是很卫生的便鞋吗？先这么下结论吧。

外行人的后记

无论文章或插画，明治时代的报纸以三十年代以前较为有趣。有趣之处不在于历史，而是因为与日本人的生活息息相关。大致上是日俄战争之前的年代。那是江户时代出生的日本人正面对文明开化浪潮，并且想尽办法跟上这波潮流的时代。而那也是人们冒着冷汗，小心翼翼地不要扣错和服底下的衬衫纽扣的时代。对生活几乎完全欧美化的日本人（例如我）来说，不禁会想："咦？你竟然这么做?""咦？为什么?"等，这些江户式日本人的举动及不断摸索的过程，让人感到趣味盎然。

然而，这个"有趣"是经过一百数十年之后，我们仍然继承的"某种很日本人""刺激了日本人DNA"的什么，在报纸插画里都很清楚地被描绘出来。这也是拜报纸插画的画工所赐。特别是我很喜欢的歌川国松、水野年方、松本洗耳等人，真的感激不尽。

自我开始阅读明治时代的报纸以来，已经过了三十五年。这些报纸大都收藏于国会图书馆，另外也承蒙江户东京博物馆图书室所提供的资料。在这期间，我收集了令人好奇的文章、插画、广告，但是光靠这些资料冒充内行实在很辛苦。一开始动笔就走入迷宫，不过我还蛮喜欢迷宫的，所以不断地往前走，有时候会走到意想不到的目的地。将那些东西集结起来，就成了这本书。

尽管如此，外行人毕竟是外行人，硬充当内行应该会有不少错误吧。但看在介绍了这么多插画的份上，还望读者见谅。

在出版过程中，我对编辑山田智子小姐、设计师中村健先生提出种种麻烦的要求，很感谢两位。妻子林节子也一如往常地协助处理很多麻烦的事情，而终于得以集结成书。对于其他与此书相关的人士，本人在此由衷感谢。

林丈二

写于平成二十八年八月二十二日，九号台风袭击中

参考文献

片山淳之介，《西洋食衣住行》，1867。
平出鏗二郎，《东京风俗志》，富山房，1901。
芳贺矢一、下田次郎编，《日本家庭百科事汇》，富山房，1906。
高村光云，《光云怀古谈》，万里阁书房，1929。
藤村卫彦，《明治风俗史》，春阳堂，1929。
日置昌一，《博学事典》风俗篇（上下卷），河出书房，1952。
日置昌一，《博学事典》文化篇，河出书房，1953。
涩泽敬三编，《明治文化史》生活篇，洋洋社，1955。
关根默庵，《讲谈落语考》，雄山阁，1960。
荒川惣兵卫，《角川外来语辞典》，角川书店，1967。
斋藤月岑，《武江年表2》，平凡社东洋文库，1967。
森铣三，《明治东京逸闻史1》，平凡社东洋文库，1969。
植原路郎，《明治语典：以"语言"描绘风俗志》，桃源社，1970。
石井柏亭，《柏亭自传》，中央公论美术出版，1971。
篠田鑛造，《银座百话》，角川选书，1974。
小野武雄编，《生意往来风俗志》，展望社，1975。
加藤秀俊，《明治大正昭和食生活世相史》，柴田书店，1977；《服饰辞典》，文化出版局，1979。

冈本诚之，《剪刀》，法政大学出版局，1979。
槌田满文，《明治大正风俗语典》，角川选书，1979。
长谷川时雨，《旧闻日本桥》，岩波文库，1983。
山本笑月，《明治世相百话》，中公文库，1983。
落合茂，《洗涤风俗史》，未来社，1984。
根岸竞马记念公苑学艺部编，《明治横滨车马的繁华热闹——文明开化的马文化展》，根岸竞马记念公苑，1986。
松原岩五郎，《最黑暗的东京》，岩波文库，1988。
青木英夫，《内衣流行史》，雄山阁出版，1991。
富田仁，《舶来事物的命名》，早稻田选书，1991。
纪田顺一郎，《近代事物起源事典》，东京堂出版，1992。
井上光郎，《写真事件帖：明治大正昭和》，朝日ソノラマ，1993。
吉井敏晃，《物品的履历书》,青弓社，1993。
《建筑大辞典》，彰国社，1993。
小泉和子，《家具》，东京堂出版，1995。
克拉拉·惠特妮（Clara Whitney）著，一又民子等译，《胜海舟的媳妇克拉拉的明治日记》（上下卷），中公文库，1996。
石井研堂，《明治事物的起源》（共八卷），筑摩学艺文库，1997。
野口孝一，《银座物语：探访炼瓦街》，中公新书，1997。
下川耿史、家庭总合研究会编，《明治大正家庭史年表一八六八—一九二五》，河出书房新社，2000。
仲田定之助，《明治生意往来》，筑摩学艺文库，2003。
宫地正人、佐藤能丸、樱井良树编，《明治时代史大辞典》（共四卷），吉川弘文馆，2011—2013。
春山行夫，《红茶文化史》，平凡社ライブラリー，2013。
艾华·S. 摩士（Edward Sylvester Morse），《日本每日》，讲谈社学术文库，2013。

《文艺界》临时增刊（特集　东京风俗），金港堂书籍，1904 年 1 月。
《浮世绘志》第三十一号，艺草堂，1931 年 8 月。

附　录

日本明治时代公历和历对照表

公历	和历
1868	庆应4年/明治元年
1869	明治2年
1870	明治3年
1871	明治4年
1872	明治5年
1873	明治6年
1874	明治7年
1875	明治8年
1876	明治9年
1877	明治10年
1878	明治11年
1879	明治12年
1880	明治13年
1881	明治14年
1882	明治15年
1883	明治16年
1884	明治17年
1885	明治18年
1886	明治19年
1887	明治20年
1888	明治21年
1889	明治22年
1890	明治23年

公历	和历
1891	明治24年
1892	明治25年
1893	明治26年
1894	明治27年
1895	明治28年
1896	明治29年
1897	明治30年
1898	明治31年
1899	明治32年
1900	明治33年
1901	明治34年
1902	明治35年
1903	明治36年
1904	明治37年
1905	明治38年
1906	明治39年
1907	明治40年
1908	明治41年
1909	明治42年
1910	明治43年
1911	明治44年
1912	明治45年/大正元年